ハーバード・東大・開成で
教えてわかった

「頭のいい子」の親がしている60のこと

東京大学名誉教授
北鎌倉女子学園学園長
柳沢幸雄

PHP

「新しい学び」の時代が始まっている。自己肯定感の高い子どもに育てるには

・非常時にはベストよりベターを

2020年春、この時期のことは後々まで語り継がれるでしょう。世界を襲ったコロナ禍《か》。日本もまたその災禍に見舞われました。3月以降、約3カ月間、9割以上の学校は休校。卒業式も入学式も、規模縮小あるいは中止を余儀なくされました。4～5月には緊急事態宣言が発令され、経済活動の大半がストップ。約1カ月半に及んだ自粛期間は、日本経済に暗い影を落としています。

その間、教育界でもさまざまな議論が沸き起こりました。9月入学・始業案、入学試験範囲の縮小、大学入学共通テストや中学校・高校の入学試験の時期変更、オンライン授業の推進など。私もそれらについて多方面から意見を求められ、テレビやラジオで話をしてきました。

入学初年度の子どもたちは、友達とも先生とも直接会ったことがないまま、異例尽くめの新学期が始まりました。

ご家庭では、この教育体制に、親子ともども翻弄《ほんろう》されながらも順応しなければなりませんでした。たくさんの課題を前に戸惑う子どもたち、そしてそれに寄り添う保護者のみなさんのご苦労はいかばかりだったかと察します。コロナ以前の平常時と比べると、苛立つことばかりだったでしょう。

こうした非常時は慣れ親しんだベストを目指してもしようがない。完璧な学習理解など求めても不可能です。しかし、ベターを選択すれば、むしろプラスが見えてきます。

突然の休校でも、子どもたちは自分の力で学ぶことができたのです。学校も家庭も、新しい学び方の模索や自宅学習の形など、大変な中からも生み出してきたものがあります。子どもたち、保護者のみなさん、そして学校のアクティブさに、私は心から賛辞を贈ります。

・子どもが「自分からの学び」を身につけるには

これからの時代は「自分からの学び」を生み出すことこそが、最大の力になります。

実は、2020年から小学校で始まった新学習指導要領も、「自分からの学び」つまり「アクティブ・ラーニング」を新しい教育として掲げているのです。

休校や短縮の時間割によって学校では完全な授業ができませんでしたが、そういった環境でも子どもたちは懸命に学ぼうとしていたと思います。

論理的に考える力、問題を解決する能力、世界を見据える力、リーダーシップ、新しい学び、そこから生まれる「生きる力」を身につけようとしていました。

逆境に負けない。どんな環境の中でも、ベターを選び出せる力を身につけることが、これからの時代を生き抜いていく力であると、私は強く主張します。

今回の稀有《けう》の災禍によって、そのことがより明確になったのではないでしょうか。

大人たちも通常どおりの仕事ができず、いろいろな方法を模索したり、急激な変化に対応しようと知恵を絞ったはずです。

「学び」とは本来、楽しみと喜びに満ちた、自分発信の営みです。

筆記試験で80点以上を取るとか、偏差値で○○を目指すとか、苦手を克服するために苦手科目からイヤイヤ勉強するとか、そんな表面的なものから脱却して、**「自分の好きなことを見つける。そこからグローバルな世界に飛び出していく」**

そんな学びを推奨します。これこそが、コロナを経験した新しい時代の学びなのです。

では、どのように「自分からの学び」を身につければいいのか。

東京大学、ハーバード大学、開成学園、そして現在の北鎌倉女子学園。

私の50年近い教員生活の経験と、息子たちの親としてアメリカでの体験を踏まえ、保護者のみなさんが子どもとどう関わればよいかをアドバイスしているのが本書です。

この学び方を身につければ、子どもは親元を離れても自分の能力を存分に発揮できるようになると信じています。

この本が、未来を担う子どもたちの成長の一助となれば幸いです。

2020年7月

北鎌倉女子学園学園長　**柳沢幸雄**

「頭のいい子」の親がしている60のこと

目次

「新しい学び」の時代が始まっている。自己肯定感の高い子どもに育てるには　3

第1章 これからの〝優秀な子〟はリーダーシップのある子

● 判断だけでなく、決断ができる次世代のリーダーを育てよう　16
● リーダーになるには自己肯定感を持つこと。自分の決断に自信を持てる子どもを育てよう　21
● 減点主義ではリーダーになれない。子どものよいところを見つけて加点する　24
● 決断を怖がらず楽天的になろう！「やらなきゃよかった！」は禁句　27
● 子どもにダメ出しをしない。Yes, but、〝ちょい足し〟の言い方を身につける　29
● スペシャリストがリーダーになれる時代。ジェネラルなジェネラリストは育てない　33
● 子どものよいところは具体的に褒める。褒めればグングン伸びていく　37

● 子どものやりたいことを実現することで親も新しい体験をし、成長しよう 39
● 大人も社会で活躍しよう！
特に女性は今の社会にマッチする働き方が得意なはず 41

第2章 休校、親の休業。逆境に負けない子どもになれますか？

● 学校が「毎日行くところ」でなくなった今、ベター・セレクションを実現しよう 46
● 授業数が少なくなっても「劣っている」と考えない。その中で新しい学習を探す 51
● アメリカでは「勉強についていけない」と思えば自ら留年することも少なくない 55
● 失敗する人生を受け入れよう。それこそが次の成功のチャンス 58
● 子どもの失敗、大いにけっこう！ 親が先回りして失敗を防いではダメ 60
● 親の自己肯定感が低いことが問題。もっと自慢していい！ 64
● 今こそ「生きる力」をつけよう！ 子どもは献立から考えて調理する 66

第3章 これから、学校で何を学べばいいですか？

- オンライン授業は新しい選択肢。クラスの一体感も生まれる 72
- オンラインでも生徒主体の授業はできる。生徒が問題を作ってクラス全員で解く 77
- 学校の役割は勉強だけではない。「生徒集団を作ること」が大きな目的 80
- 新学習指導要領では「生きていく力」を重視。思考力・判断力・表現力を養う 84

第4章 これからの時代、英語が話せないとダメですか？

- 小学校の学習指導要領にも英語のスピーキング。「外国人と話せる大人になる」ことを目指す 90
- カタカナ英語を話すのは恥ずかしい？お国なまりの英語で貫き通す外国人は多い 96

【コラム】アジアンから英語を習えば気後れせず、親しみやすい　100
●話せる言葉が3つでも小学校に「ウェルカム！」なのがアメリカのよさ　102
●学ぶ英語ではなく、楽しむ英語。絵本や歌で声に出すことが大事　104
●「セサミストリート」や「えいごであそぼ」。
子ども向けの番組は中高生の文法学習に効く　109
●多読は英語力を高める。簡単なものから始め、だんだん難易度を高くする　111
●英語が苦手なら、わざと切羽詰まった状況を作って勉強時間を確保する　113
●教わるだけでなく、「教える」。女子高生たちがスピーキングを上達させた方法　115
●英語民間試験へのチャレンジはぜひやっておきたい。2回目の成績がチャンス！　119
●部活動に行事の実行委員、大いにやらせよう。忙しいときは「ながら勉強」がいい　122
●20年後、優秀な翻訳機があれば英語をしゃべらなくてもすむかもしれないけれど　125

第5章 うちの子は、国際的な人間になれますか？

●だれと接するときもたじろがない。自己肯定感の高い子が、国際的な子ども　130

● 自分の仕事に責任を持つ、助けてほしいときはきちんと「ヘルプ・ミー」を言う 136
● 「国際」と名がつく学校は多数ある。
学校の特色は千差万別。興味があれば見学を 140
● インターナショナルスクールに入学すれば国際的な人間になれる、は間違い 142
● 「国際バカロレア」認定の中学・高校に通い、海外の大学に入学する道もある 146
● 高校での留学は「海外での体験」レベルでよい。その体験が将来に結びつく 151
● 日本の教育は知識詰め込み型。アメリカでは小学生から論文を書いている！ 155
● 海外から日本の学校に転校する帰国子女。
カッコよく見えても実は悩んでいる…… 160
● 日本でできる「国際化」「グローバル化」。それは外国人と接すること 163
【コラム】世界中の大学生に自分の将来や進路を相談できる学びの場 167
● 世界を舞台に生きるには、日本語の表現力。
保護者は子どもの言葉を引き出す役割を 169
● 料理をはじめ、家事ができることも大事。
どんな環境でもひとりで暮らせる力をつける 171
● 国同士の関係を意識する「国際化」から、国境を越えた「グローバル化」を目指す 173

第6章 小学生でも中高生でも、プログラミングを勉強する時代になった！

●コンピュータに命令を出す。プログラミングの手法を小学生も学ぶ 178
●職業と結びつくプログラミング教育は子どもが将来活躍するきっかけづくりに 184
●プログラミングがあらゆる分野で使われていることをコラボ学習で学んでいく 188
●ゲーム好きは悪いことではない。プログラミングもゲームから学べる 193
●AIの知識を持つのも新しい教育の流れ。人間だからこそできることを確認する 196
●「プログラミング的思考」を持ち、論理的に考えるくせをつける 199

第7章 アクティブ・ラーニングってどんな勉強ですか？

●最近よく聞く「アクティブ・ラーニング」。知識の詰め込みとは違う学び方 202

●一方通行の教えは定着しにくい。自分から発信する学びで定着させる 204
●「授業中おしゃべりはいけません！」は古い。
アクティブ・ラーニングの教室はうるさい 206
●AIで世の中の半分の職業がなくなる!? 次の時代を生きるために必要なこと 210
●知識重視の一方通行の講義では復習が大事。
アクティブ・ラーニングでは予習が大事 212
●アクティブ・ラーニングはPDCAの実践。ビジネス社会でも即、役に立つ 214
●部活動は「取り出し授業」。アクティブにどんどんやらせよう 220
●小学生も高校生も「紙芝居」を作るのがいい。
1枚にひとつの話を入れ、全体を構成する 223
●コーヒーの砂糖、シャンプーやリンス。
家庭の中のモノを掘り下げるきっかけに 226
●とにかく子どもをしゃべらせる。小学生も思春期でも5W1Hで質問をする 230
●アクティブ・ラーニングは、混迷の時代を抜け出すリーダーを作る教育 236

第1章

これからの〝優秀な子〟は
リーダーシップのある子

判断だけでなく、決断ができる次世代のリーダーを育てよう

小学生の頃から国際化を目指し、アクティブ・ラーニングで問題解決能力を養い、プログラミング思考で論理性を磨く――。

新しい教育は、これまで磨いてこなかった能力を磨き、今までにない未来を生きる子どもたちを作っていきます。

では、どんな子どもが、未来を担う子どもだろうか。

それは、リーダーシップのある子だと、私は思います。

これまで、学校では、パッシブ・ラーニング（受け身で授業を聴くような学習）中心に、知識や技能を磨いてきました。定期試験や受験なども、どれだけ知識を持っているかを点数に表し、点数の高さを競う内容でした。

そして、クラスやその学年で点数の高い子が優秀な子でした。他の子と自分を知識

の点数で比べ、自分のほうが知識を持っていることが、点数によって示されていたのです。

しかし、これからは、知識や技能があるだけでは次世代のリーダーにはなれないと、私は強く思います。

私は、2020年3月で開成中学校・高等学校の校長を退任しました。その折に、生徒たちにリーダーシップの話をしました。

リーダーの役割はふたつあります。

ひとつは、「判断」をすること、もうひとつは「決断」をすること。

このふたつには、明確な違いがあります。

判断については、アクティブ・ラーニングなどで身につけたPDCA（第7章で詳述）の形ができれば、だれでもできる。情報やデータが十分にあり、論理的に解析する力があればよいのです。そうすれば、同じところにたどりつく。判断を間違えることはありません。

しかし、決断は、判断したいくつかの可能性の中から、どれかひとつを選んでいくことです。

２０２０年は、新型コロナウイルス感染拡大の影響により、世界中で大きな混乱が生まれました。

このような事態を冷静にとらえ、持てる知識と技能で思考し、判断し、決断し、表現するリーダーとなる次世代の子どもたちを、私たち大人はひとりでも多く育てていかなければいけません。

それには、知識と技能があるだけでは不充分なのです。

たとえば、専門家委員会の情報やデータをもとに、新型コロナウイルスの対策として、感染が心配される期間の通学をどうするか、決断しなければならないとします。

- 子どもはあまり感染しないし感染力も高くないから、学校は継続して開校し、子どもたちは注意して登校する
- まずは短期間の休校をし、情勢を見ながら都度休校か登校かを決めていく
- ２カ月程度の十分な期間の休校をし、感染が下火になるまで開校しない

など、学業の遅れと感染拡大防止という相反する問題を抱え、どれがベター・セレクションなのかを、可能性を見比べながら決断しなければなりません。

実は、この決断が的確にできる人は、そうたくさんはいません。日本でも、長期間

の休校を決めるときに、安倍晋三首相は大変悩んだと思います。

決断には責任が伴います。結果はあとで出ます。休校の問題も、これでよかったのか、結果は半年後、あるいは1年後、2年後にならないとわからないかもしれない。

決断がうまくいけば歴史に名を残すが、失敗すれば批判を浴び、消えてしまいます。

決断力を持てるリーダーは一握りしかいない

日本人は、決断が苦手な人が多い。周囲の人と調和しようと思いすぎるのです。また、決断による責任からも逃れようとします。だから、毒にも薬にもならないような、責任を取らなくていいような内容にとどめてしまう。

そうなると、決断による結果もまたたいした成果をあげず、予算をとってやってもお金の無駄ということにもなりかねない。

責任を負うところまで突き詰めて考える力を持ち、どんな結果でも責任を持つリーダーはごくごく少数しかいないのです。そこは、資質なのです。

しかし、ともあれ判断ができるところまでの力を持った子どもを教育する。それが、新学習指導要領の要《かなめ》でもあるのだと、私は思っています。

新学習指導要領では、小学生、中学生、高校生に共通して「思考力、判断力、表現力」を求め、これらの力がつくように教育します。その土台として、知識や技能を有することが必要でもあります。

私が育てるべきと考えている「リーダーの素養のある子ども」も、これによってある程度育つと考えています。学校で教師の講義を聴いて得た知識や技能は、リーダーの素養である判断力の根拠になるでしょう。

その上で、アクティブ・ラーニングとしてテーマを深め、プレゼンテーションで表現力を高め、プログラミング的思考で論理的、数値的にものごとを解釈し思考していく。

家庭でも、ぜひこうした視点を持ち、お子さんたちのリーダーとしての資質を磨いていってほしいと思います。

Point

判断力は持てるが、決断力を持てる子どもは一握り。リーダーとは決断ができること

リーダーになるには自己肯定感を持つこと。自分の決断に自信を持てる子どもを育てよう

では、リーダーになる資質とはどういうものでしょうか。

さまざまありますが、最初に「自己肯定感が高いこと」を挙げたいと思います。

自己肯定感とは、文字通り「自己」を「肯定」する感情のことです。自分のあり方を積極的に評価できる感情により、自らの価値や存在意義を肯定することです。

リーダーになるためには、データの解析などを行い、状況を判断した上で、「決断力」がなくてはなりません。それには、どんな自分も受け入れ、肯定することで、外側からの評価で揺さぶられることなく、自分の決断を信じ、自己承認できることが大切です。

しかし、第5章でもお話ししますが、日本の子どもや若者は、他の先進国に比べて

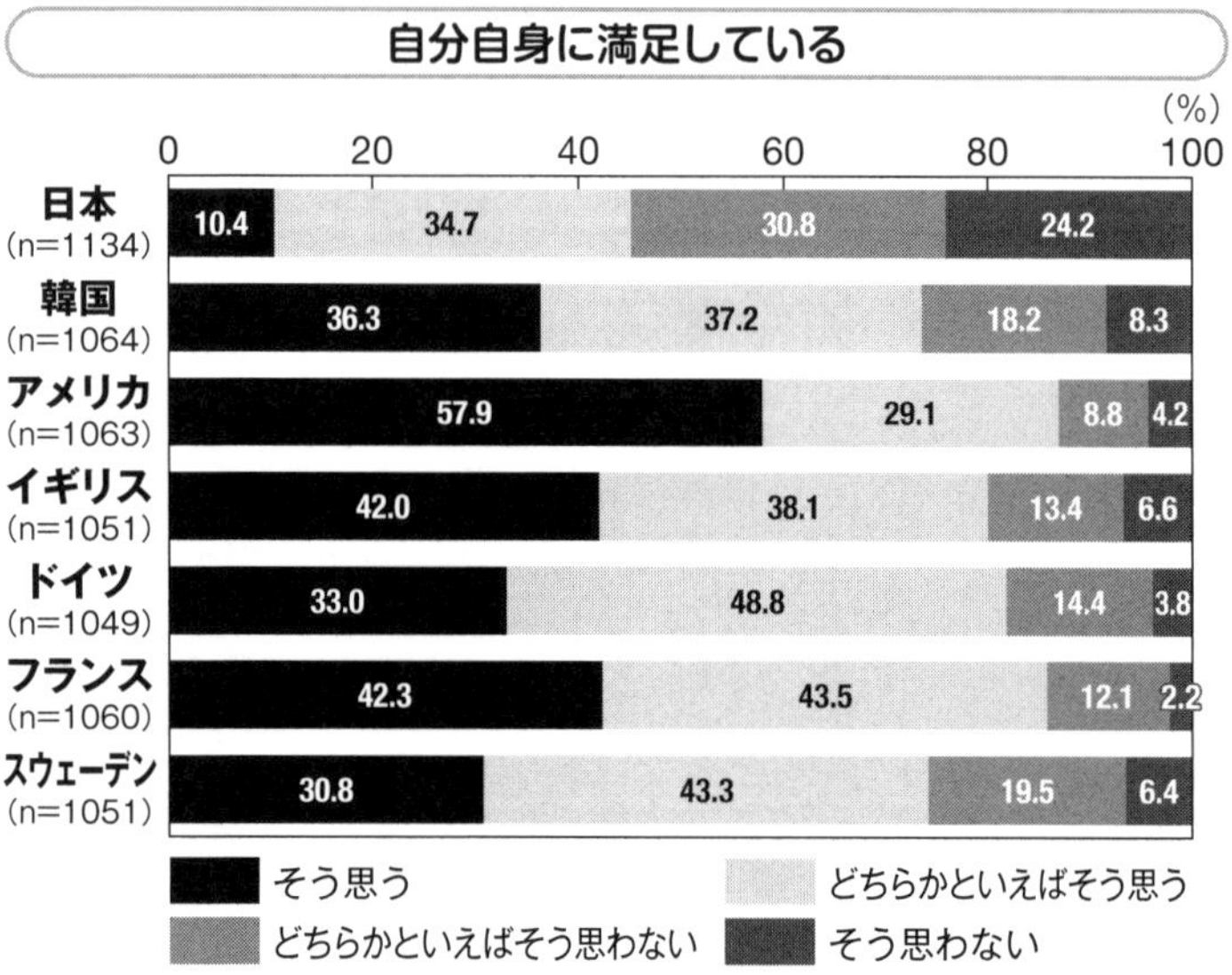

令和元年版「子供・若者白書」(内閣府)より

自己肯定感が低いとデータが語っています。

日本の若者のうち、自分自身に満足している者の割合は、「そう思う」「どちらかというとそう思う」を合計して5割弱（アメリカは87％）。また、別のグラフでは、自分には長所があると感じている者の割合は「そう思う」「どちらかというとそう思う」を合計して6割強（アメリカ、フランス、ドイツは9割以上）で、いずれも7カ国の中で日本が最も低いのです（令和元年版「子供・若者白書」内閣府）。

リーダー気質に関係するような

設問に関しても、軒並み低い結果です。

「うまくいくかわからないことにも意欲的に取り組む」に、「そう思う」とはっきり告げている人は10・8％。「自分の考えをはっきり相手に伝えることができる」に「そう思う」と答えた人は13・8％にすぎません。

自己肯定感が低いと、失敗にめげず立ち向かう力や、社会貢献をしたいという視野を広くした意欲も弱いということになります。

この結果を踏まえ、**子どもたちを少しでも自己肯定感が高く、意欲ある若者に育てていきたいと思います。**

Point

自己肯定感が低いと失敗に立ち向かう力や社会性も低い。自信が持てる子どもに育て、リーダーシップを養いたい

減点主義ではリーダーになれない。子どものよいところを見つけて加点する

自己肯定感が低い要因のひとつに、「減点主義」があると、私は思っています。

日本人は、〝謙遜する国民〟のせいか、ものごとを減点で考えるところがあります。１００点満点のテストで95点もとれているのに、勉強が得意な子どもやその保護者ほど、「5点失った」「95点しかとれなかった」「完璧ではない」と考える。

そして、あと5点を獲得するために努力する。点数のいい子ほどそうです。

これは、大変な損失だと考えています。

１００点満点のテストの場合、裾野《すその》のほうは得点が分散化していますが、高得点者はほとんど差がつかない。99点と98点の子どもに、どれぐらいのリーダー資質の差があるでしょうか。資質の差はまったく読めないのではないでしょうか。

それより、加点方式にしたほうがいいのです。

まず、満点を100点と限定しない。100点は基準ではあるけれど、それを超えるすごさがあれば、250点、400点をつける。

0点をスタート地点とし、こういうことができたら3点プラス、こんなすごいことができたら30点プラス。それを積み重ねていったら、軽く100点を超えてくる、さらに1000点も超える、というのでもよいではないですか。

すると、「オレはできると思っていたけれど250点、でも、100点のやつもいるのか。150点も差がある。それなら、あいつがリーダーになるのがふさわしい」と思えてきます。

そして、その後も自分の可能性を高めるために、加点にチャレンジしていく。

伸びしろに制限をつけないことが、伸びる要因になるのです。そして、どんどん伸びて400点を超えたときに、リーダーとしてのチャンスは巡ってきます。

アメリカ人は、こういう考え方をする人が多いと思います。

しかし、日本人の場合、「オレは99・2点」「あいつは99・4点」と、減点法で僅差《きんさ》を争う体質です。あまり差がつかないから、リーダー選びも難しい。

たとえば官庁の事務次官が「持ち回り」になるのは、この結果のあらわれです。あの人もこの人も点数が同じくらいだから、1年ごとにやってもらいましょうと。そうでなければ不公平だ、ということになるのです。

僅差であると、それぞれの個性にも着目できません。

だから、保護者は、子どもを褒めてください。あまり深く考えず、子どもがうまくできたときに、

「あ、上手にできたね!」

と口に出せばよいのです。この先、何を得意分野としてやっていくのか、どこに自己肯定感を持つのかは、親が決めることではありません。子どもが、「自分はこれが得意」「これが好き」と思える土台を、親は作るだけです。そうしているうちに、子どもたちは好きなことを見つけ、それが個性になっていくでしょう。

Point

子どもの伸びしろに制限をつけない。
100点満点に400点、1000点をつけて褒めていい!

決断を怖がらず楽天的になろう！「やらなきゃよかった！」は禁句

選択をし、判断をし、決断をするときは、いつもうまくいくわけではありません。さんざん悩んでくだした決断が、ベストにならないことはよくあります。

そういうとき、日本人は悲観的になる傾向にあります。

「やらなきゃよかった」

「こうすればよかったのに、できなかった」

しかし、これは禁句です。特に、子どもの決断を「やらなきゃよかった」と親が評価するのは絶対にやめましょう。

「ほら、だから言ったじゃない、それをやっても無駄なのよ」

これを2回言ったら「指示待ち族」が生まれます。親や上司が指示したことだけをやっていれば怒られない。責任を持つことをやめる。アクティブな心理も活動も、すべて消えてしまいます。

子どもが失敗するのがかわいそうだから、回り道をするのはもったいないから、という親心なのでしょうが、親心があるなら、失敗させたほうがいい。

人は、成功したら成功の方法をあまり覚えていません。失敗から学ぶことのほうがずっと多いのです。

ならば、失敗の授業料を払いましょう。

たとえば、中学受験で第一志望の合格率は25％程度と言われます。精一杯受験勉強をしても、75％の子の第一希望は叶《かな》わないのです。

でも、それぞれが他に受かった学校で自己実現をし、また大学受験に挑んだり、社会人としてがんばったりするのです。

人生をおしなべてみても、失敗が9割、成功が1割程度なのではないかと思うのです。私は1割当たれば人生どうにかなる、と思っています。

明石家さんまさんが「生きてるだけで丸儲け」を座右の銘にしているように、人生、楽天的なほうが幸せになれます。

Point

「やらなきゃよかったのに」を2回言うと「指示待ち族」に。「失敗してよかったね！」と思える親になろう

子どもにダメ出しをしない。Yes, but、〝ちょい足し〟の言い方を身につける

子どもの決断力を磨くためには、「ダメ出しをしない」ことが重要です。

とにかく、子どもがやろうとしていることを肯定する。

「あなたなら、大丈夫なんじゃない？」と言ってあげることです。

もちろん、無理そうだと思うこともあるでしょう。けれど、それでも「ダメ」とは言わない。

子どもは大人が思う以上に大人に従順で、どれだけ反発しても親や教師に完全に逆らうことは難しいと思っています。だから、大人に「ダメ」と言われると、「屈した」という思いとともに、敗北感を味わいます。

だからこそ、**多少心配でも、第一声は「いいね！」にすることが大事なのです。**親に応援してもらえているからこそ勇気がわき、ポジティブに前に進めます。

今度 ○○を
やってみようと
思っててさ…
もぐもぐ
いいじゃない!!
お母さんも応援する!!

そうはいっても、危なっかしい、絶対に無理だ、と思うこともあるでしょう。

そんなときも、やはり最初は「いいね！」です。

子どももそう鈍感ではないので、親が「いいね」と言いつつ「ちょっと無理かも……」と思いながらすすめてくれることは、「あれ、やばいかな」と察するものです。

「無理してOKを出している」とわかったら、自分で考え始めます。

心配で心配でたまらないときには、「いいね！」のあとに、「だけど……」と口に出してもいいでしょう。

Yes, but の言い方です。

but 以降の言葉は短めにしましょう。「それをやると、帰りが22時を回らない？」とか。「○○さんがちょっと不愉快かもしれないね」程度に。そして、疑問形にしたり、つぶやきにしたりする。あまり断定的に言い過ぎないことです。

ネガティブな意見を最初から言ってしまうと、子どもは拒否反応を示しますが、最初に「いいね！」があれば聞けるのです。また、子どもに考える余地を残した言い方なら、「親の言うことなど絶対にきかない！」という意固地さも、少しほぐれます。

その上で、「力いっぱいがんばって！」と応援すれば、親を悲しませないようにと頭の片隅において、行動するものです。

子どもも、意外に考えているのです。

心配でも肯定し、しっかり見守る

また、親は子どもの側面を見て「危なっかしい」と思っていますが、子どもたちはインターネットやＳＮＳ、先輩や同級生など、さまざまな情報ソースを用いながら判断しています。

特に、中学生、高校生になると、親に見えている子どもの世界は10％程度です。子どもは友達や先輩たちから大いに学び、判断することも多くなります。

それもまた、「危なっかしい」と思うかもしれませんが、ネガティブにばかり考えていては何も生み出しません。

身に危険が及ぶこと、だれかを裏切るようなこと。人として最低限、してはいけないことだけを親子で確認し、あとはしっかり見守って、できるだけ口は出さない。

言うときは、必ず肯定してから小さくbut、これを肝に銘じておきましょう。

その上で、親の想像を超える判断や決断をする我が子に期待しましょう。

Point

心配してもいい。その上で「がんばって」と言えば、子どもは自然と察して用心する

スペシャリストがリーダーになれる時代。ジェネラルなジェネラリストは育てない

かつて、優秀な社会人といったら、「会社の中のことがなんでもわかる人」でした。そのため、企業は幹部候補の社員を2、3年ごとにさまざまな部署に配属し、転勤もさせ、企業の仕事をまんべんなく経験させて企業全体を理解するジェネラリストを育てました。ジェネラリストになることで出世もするので、どの家庭も転勤をがまんし、子どもたちも頻繁《ひんぱん》な転校を余儀なくされたのではないでしょうか。あるいは単身赴任で両親の影響下で育つことが出来なかった場合もあると思います。

しかし、それは終身雇用制度が確立していたからです。

今は、いつ会社が統合するか、縮小するかわからない時代です。会社のことがまんべんなくわかっていても、基幹の部署がなくなったり、他社に売られたりすることもあります。むしろ、ソフトウェアの開発やマーケティングのスペシャリストなど、ひとつの部門に精通する専門職として会社に所属し、企業内では部門長として技術分野

のトップに立つ。**会社の形態が変わったら、自身の技術を持って他社に転職する、という働き方が常識になりつつあります。**

企業のトップも同じように、いわゆる「はえぬき」の人ではなく、他社のトップ、あるいはマネジメントの専門職が転職してきてトップの座にすわることが多くなりました。こういう人たちは「人事管理の専門職」です。

自分の好きなことを見つけてスペシャライズする

保護者は、子どもが将来、活躍する人になってほしくて、偏差値が高いといわれる大学に入れ、名前の知れた企業に就職してほしいと考えます。

しかし、たとえ名前の知れた企業に就職しても、そこでずっと雇ってもらえるかどうかわからない時代になりました。むしろ、入社したときと20年後、30年後では、その企業はまったく違う形態になっていることが多くなったのではないでしょうか。

ジェネラリストを目指し、「とにかく勉強して偏差値を上げて、売上のいい有名な会社に就職する」は、子どもの学習のゴールではありません。

それより、スペシャリストになるほうが、ビジネスパーソンとして有望ではないでしょうか。自分の専門性に磨きをかけて、どこの会社でも通用する人になる。つまり、**「スペシャリストとしてジェネラリストになる」が、これからの時代のリーダーのあり方だと思います。**

ジェネラルとスペシャルを自分の中で共存させる。自分事の本質をジェネラライズ＝一般化すると、他の場でも適用できるのです。

自分の好きなことを醸成《じょうせい》するとその分野でごはんが食べられる。そこで食える人はぶれないから、信念や哲学があります。そういうレベルに達した人が、リーダーとしてしかるべき人だと思うのです。

「では、音楽の世界で演奏活動をして食べていける人は何人いますか？　ほとんどいませんよ」「Jリーガーになりたいと言っても、なれない子がほとんどでしょう？」と言う人もいます。たしかにそうです。

でも、演奏では食べていけない人でも、音楽の先生になって音楽とずっと付き合い続けている人もいる。サッカー選手ではなく、選手の栄養や体力向上を担うスポーツドクターやトレーナーになることもできます。

発想を柔軟にすれば、好きなことを職業にすることはできるのです。

開成中学・高校のクイズ研究部に所属し、テレビのクイズ番組でその力量を発揮した伊沢拓司《たくし》は、クイズ好きが高じて、クイズで起業しました。

いやな上司やいやなポジションにがまんをしていれば、そのうちいいポジションや高収入が得られるようになるわけではありません。

自分の技術や経験で、ポジションを得られるよう、子どもたちを育てるべきです。学習も、まんべんなくいい点数を得られるようにがんばりなさいと、あまり強く仕向けなくていいのです。**何かひとつ、好きな分野があったら、そこを中心に楽しく勉強をすることが大事です。**

好きな分野ができたら、とことん突き詰められるよう、保護者は支援してあげましょう。生物が好きというのなら、動物園や生物系の博物館に連れていき、時間を制限せずに見せてやる。化学が好きなら、実験をどんどんやらせてあげましょう。「この分野が好き！」と言えるものができたら、しめたものです。

Point

保護者は子どもの「好き！」を応援する。好きを極めればリーダーになれる

子どものよいところは具体的に褒める。褒めればグングン伸びていく

子どものよいところは、とにかく褒めましょう。

子どもは、親に褒められることがとても快感なのです。子どもは実は常に自信がなく、不安にかられています。ですから、ちょっとでもよくなっているところを、一番身近な家族に褒められると、とてもうれしいのです。

褒めるときは、「他の子と比べていいね」ではなく、その子が前よりもよくなっているところを思い切り褒めましょう。比較対象にするのは、子ども自身です。

褒めると、褒めたところは、不思議なほどにグングン伸びていきます。たとえば、勉強でも、「英語の文法がよくできるようになったね」と言うと、「そうか、自分は文法が得意なんだ」と意識する。すると、次に英語の時間に文法を学ぶときに、真剣に教師の話を聞くようになり、理解も進み、さらに点数がよくなっていく。こうして好循環が生まれます。

子どもは親に自分を見ていてほしいと思っています。むしろ、見ていてもらわないと生きていけません。**親からの承認があって、子どもは成長していくのです。**

ネガティブなことは言わずに、見ていることが大事。文句ばかりだと「うるさいな」となりますから、ニコニコしながら見ていましょう。思春期であれているときでも、親に静かに見守ってもらっていることで、落ち着いてきます。

イラついて素直に褒められないな、と思うときは祖父母の力を借りるのも一考です。おじいちゃん、おばあちゃんは達観していて、「人生こんなもんだよ」と言ってくれる。煮詰まらなくてすみます。「あなただって、小さい頃は親をてこずらせたのよ」などと言われることもあり、親としての自分を客観視させてくれる一面もあります。

今は三世代で同居している人は少ないと思いますが、電話でもいいし、オンライン通話なども使いながら、おじいちゃん、おばあちゃんと子どもがたわいない会話をする時間を持つと、みんなに気持ちの余裕が生まれます。

Point

祖父母に子どもを褒めてもらうのもいい。離れているならオンライン通話なども利用する

子どものやりたいことを実現することで親も新しい体験をし、成長しよう

子どもが具体的な希望として「これがやりたい！」と表明したら、そのこと自体に価値があります。なぜなら、自分の人生に対してリーダーシップを発揮しようとしているのですから。リーダーの出発点に立ったということです。

試してみて、うまくいかないこともありますが、そんなときは自分でも「これはうまくいかなそうだ」と自覚し、消化していろいろな判断をするはずです。**大人はそういう子どもの体験の機会を奪ってはいけません。**どんどんやらせましょう。社会的なリーダーに成長するには、まず自分自身に対してリーダーシップが発揮できるようになることが重要です。

子どもがやりたいことで、保護者がやりたくないことはどうする？　子どもが少年野球や朝練のある部活をやれば、保護者に当番が回ってきたり、早朝の弁当作りもあります。早起きが大変、他の保護者たちとの付き合いがいやだ。面倒で疲れることも

あるでしょう。でも、子どもの野球の当番をすることで、人見知りがなくなるとか、運動嫌いがちょっと変わるとか、自分にとってのプラスがあるはずです。マイナスはできるだけ避けて、プラスの数だけ数えられるようになれば、しめたものです。

ただ、経済的なことは、子どもに伝えたほうがいい。子どもにお金をかけたいけれど、足元がおぼつかないのなら、無理してやらなくてもいいのです。お金は空から降ってこない。日本はお金のことを子どもに言ってはいけないと思っている人が多いですが、それが大人のストレスになるなら、きちんと伝えたほうがいい。

もし、お金について子どもに甘えがあると感じたら、何か家事労働を担当させて、その分のお小遣いをあげる、という形もおすすめです。やりたいことにかかる費用の少しでも自分が負担をするのだ、という気持ちを育てることも大事です。

親だけが子どもの犠牲になるのではない。子どもがやりたいことに、子どもも金銭面でも少しでも責任感を持ち、親も子どもとともに楽しむ。そんな環境づくりができれば、ますます子どもは自信を持って好きなことに臨めます。

Point

心理的な負担は楽天的に回避し、金銭的な負担は子どもに伝え、責任感を持たせることも新しい学び

大人も社会で活躍しよう！ 特に女性は今の社会にマッチする働き方が得意なはず

新型コロナウイルス感染拡大防止策として、テレワークが浸透しました。感染がある程度解消されても、テレワークの利点は残されて、今後は働き方が大きく変わるでしょう。子どもたちも、新しい学習のしかたを今後も身につけていき、将来の新しい働き方につなげていく。

子どもたちは、新しい変化に自分を融合させるのは得意です。大人のほうがむしろ、変化に弱い。特に、男性のほうが企業の古い慣習から抜け出せない傾向にあると思います。

終身雇用で年功序列を導いてきた男性たちが、どうやって新しい時代にマッチしていくかが、今後の日本を左右します。

しかし、そういう時代にあって、仕事を持つ女性はしなやかに生きてきたと思います。出産、育児の中で、社会と個人的な生活とを行ったり来たりして折り合いをつけるのは、大変だったでしょう。そんな中、企業の古さを憂いながら、周囲と協力し、さまざまな工夫を重ねながら、仕事と子育てを両立する手腕は見事です。

こうした働き方や生き方こそ、時代の変化に応じられるフレキシブルなモデルです。ある意味、社会的に、時間的に恵まれなかった女性が見出したこのしなやかな生き方は、今後の社会を生きる社会人全員に必要であるし、むしろ生きやすいのだと私は思っています。特に、今のように社会が不安定なときに、大きな力を発揮します。

男性は家庭と仕事の切実な制約の中で働いた経験のある人は少ない。だから、仕事の時間や内容を工夫する力がついてきませんでした。そのため、よけいに年功序列を推進してきてしまった。

しかし、もう、年功序列をロールモデルにしても発展性がない。男性も女性の工夫に満ちた働き方をロールモデルにして発展すべきです。

そして、同一労働、同一賃金で行くべきです。トヨタの社長も経団連の会長もそう発信しています。

子どもが小さい頃は、何かと手がかかりますが、子どもがある程度大きくなれば、もし女性が子育てで仕事を中断しているのなら、もう一度復帰すべきだと、私はいつもすすめています。

女性はさまざまな困難や時間をとられることがあっても、順番を工夫し、時間をやりくりして、仕事とその他のことを同時進行できる力がある。いくつもの仕事に強弱をつけながら、自分の時間も確保しながらやれる。この力を新しい時代のロールモデルにしましょう。

子どもを見守りながら、親も羽ばたく

特に、子どもが思春期を迎えたら、母親は子どもとの「いい離れ方」を考えなければなりません。

思春期とは、親離れの時期なのです。

「うるせぇ!」

「ほっといて!」

「お父さんクサーイ」

は自分の力で生きていきたいという、子どもの意思表示です。

もちろん、不安定で経験不足な年代ですから、見守りは必要ですが、見守りながら

離れていくことで、子どもたちはさらに成長します。
そして何より、母親はひとりの女性として社会的にも羽ばたくべきだと考えます。

かつて私の研究室に、「ずっと家にいたけれど、子どもが高校生になったから社会復帰したい」という女性が応募してきました。分析化学を専攻していた女性で、私の研究室で雇って収入を確保し、博士論文を書いて、さらに研究を進めていました。

何歳になっても働いて、自分の「やりたいこと」を持ち、それに邁進《まいしん》する人は輝いています。そして、そういった人が時代のリーダーとなるのです。

子どもをリーダーとして育てるのなら、保護者のみなさんもリーダーを目指しましょう。家族全員がリーダーという家庭は、とても魅力的で新しい。

ぜひ目指してください。

Point
子どもも保護者も社会のリーダー。そんな家族は魅力的で輝いている

第2章

休校、親の休業。逆境に負けない子どもになれますか?

学校が「毎日行くところ」でなくなった今、ベター・セレクションを実現しよう

新型コロナウイルスの出現は、教育を大きく変えました。

まずは、2020年3月に始まった、例を見ない長期の休校。

そのまま4月を迎え、卒業式や入学式を中止する学校も多く見られました。クラスメイトの顔もわからぬままに進学・進級した子どもたちも多かったのではないでしょうか。

休校の間の授業の確保をどうするか、どの学校も混乱しました。

ICT（情報通信技術：Information and Communication Technology）の整備が進んでいる学校は、早々にオンラインで授業を始めましたが、そうでない学校は、どうやって子どもたちに教育を授《さず》けるのかに苦心しました。

スマートフォンやパソコンを持っている家庭では学校から配信されるオンラインの

授業を受けられますが、持っていない生徒はどうするのか。

タブレットを貸与するなど、アイデアを出し合い、奔走し、環境を整えるのに必死だったと想像されます。

また小学校低学年の子どもたちは、家にパソコンがあっても自分では操作できません。保護者が仕事に出てしまっていて、学童保育にいる、あるいはひとりで家にいるという場合に、その子にどう授業を受けてもらうのかという問題もあり、正解のない課題に、教師は四苦八苦しました。


普通に学校に行けるのが、当たり前ではない。

そのことに、愕然《がくぜん》としながらも、「学校にはいつでも行けるものだ」という固定観念をくずさなければならなくなったことを思い知らされます。

とはいえ、子どもたちには、できるだけ幸せに生きていってもらいたい。また少なくとも15歳までは、大人たちは子どもに教育を授ける義務があります。
そのときに考えるべきは、何か。それは、
A better selection under given a condition.
与えられた環境のもとでベターな選択をしましょう、ということです。

この状況下で、ベストを求めても不可能です。それなら、今の環境の中で、ベターな方法を選択していくのがよいのです。

ベストな理想像を掲げ、その姿に子どもを合わせていく

しかし、日本人は教育にベストを望む国民だと、常々思うのです。

1965年、中央教育審議会は「期待される人間像」の中間素案を出しました。当時の「期待される人間像」とは、「愛国心」や「天皇への敬愛」などが盛り込まれた、子どもたちの理想の姿を示したもので、国家主義的統制になると大きな批判を受けましたが、とにかくこれを忠実に守ろうと、教師も必死になっていたのです。

つまり、ベストな理想による生徒像を作り上げたのです。

最初に、「こういう子どもになるために」という理想を掲げ、それに見合う教育を研究して提示すると、子どもたちは、トップダウンで決めた理想像に合わせていくことを求められます。しかし子どもは千差万別なので、当然ながら、理想像に合わない部分が出てくる。すると、「違う」と叱る教育になる。

学校や親は、理想像に子どもをはめようとする。子どもは自分がその理想像にあてはまらないと思うと、学校に行くことが苦痛になり、不登校になる子も出てくるでしょう。

教育が「あるべき姿」「期待される人間像」をゴールにし、生身の人間である子どもをあてはめようとするとうまくいかないのです。できないことを減点する減点法になっていて、いいほうに伸びている子どもの点数をつけるところがない。すると、保護者も子どもも、「減点されないようにがんばる」ようになってしまいます。減点されない子が、優秀な子になっていきます。そして、減点が多い子は劣等感を持つことになります。

これを、学校教育にあてはめてみましょう。

学校とは、毎日登校し、教師の授業を対面で受け、子どもたちは決められた単元をすべて終わらせ、休み時間は友達と集《つど》い、部活や委員会活動で子どもたちが自己実現する場。

これが「理想の学校像」だとすると、今回の「ずっと休校で授業が受けられない」現状は、「ダメな」「劣った」学校になってしまう。

しかし、新型コロナウイルス感染による教育の遅れは、だれのせいでもないし、だれにも止められない。ならば、**教育についても、理想を追うのではなく、ベター・セレクションをして、対面教育に代わる選択をしていかなくてはなりません。**

子どもがこれから生きる社会は、今までのような連続した形ではあり得ない。理想像がない教育を考えないといけないのです。

そうしたマインドセットが我々には必要で、それを通り越したあとに、新しい時代が生まれるのだと、私は信じています。

Point

「理想像からはずれるとダメ」と評価されれば伸びていかない。よい面を引き出すベターな選択を

授業数が少なくなっても「劣っている」と考えない。その中で新しい学習を探す

では、ベター・セレクションとは、実際にどのようなことでしょうか。

毎日対面授業があり、授業は1日6時間、休み時間や給食があり、部活動が盛ん。それが学校生活の完璧なあり方だとすれば、「ステイ・ホーム」の中での授業は、どうか。

環境が整っている場合はオンラインですが、それも6時間でなく半分の3時間、という学校が多かったと思います。そして、午後は午前中の授業の振り返りをし、演習のプリントをやって提出する、という流れでしょうか。

ICTの環境が整っていなければ、教師が苦心してプリントを郵送したり、自宅まで届けたりというところもありました。

学校が始まってからも、クラスの半分は登校して、半分はステイ・ホーム。

そうなると、時間にすると、これまでの半分しか授業がないことになります。

また、クラスの半分は午前に登校し、午後はオンライン、その間、残りの半分の生徒は午前がオンライン、午後が登校というやり方で、授業数を確保する学校もありましたが、それにしても、6時間対面授業をするよりも、学べる量は少ないでしょう。

しかし、それが以前の6時間対面授業より「劣っている」と考えないということ。**対面授業の時間は半分になったけれど、その中でも確実に学べることはあるのです。**

子どもたちはオンラインの動画授業にすぐ慣れる！

たとえば、「オンライン授業なんて、リアルでないから伝わらない」と思っていても、実際にやってみると、意外にイケるのだ、と、教師・生徒ともども感じたのではないでしょうか。

子どもたちは、日常の中でYouTubeやオンラインゲームなどで動画に慣れています。先生がリアルではなく、動画で登場しても、ごく自然に受け入れられたと思います。そうであれば、今後、また感染の第2波、第3波が来て、休校になったとしても、この手段が使える。リアルな授業とオンライン授業が選択できる状況は、「対面授業しか方法がない」と思っていた頃よりも、教育の提供手段が大きく広がった、というメリットがあるのです。

新しい形での授業環境を整えるのは、教師にとって非常に大変なことでした。けれども、特に、これまでまったくＩＣＴの環境が整っていなかった学校にとっては、強制的にではありますが、新しい学習スタイル構築の大きな一歩になったと思います。

受験は今年だけではない。以後チャンスはある

「そんなことを言っても、受験は厳然とあるし、成績はつく。少しでも学べればいいじゃないか、と言われても、少ししか勉強しないのであれば、行きたい学校にも受からない」

と言う人もいます。

でも、それを言ってどうなるのでしょうか。教師は今できることの精一杯をやって、生徒はこの授業が与えられたとしか言いようがありません。

昭和44年、東京大学は入学試験がありませんでした。学生運動が広がりすぎたため、中止にしたのです。当時は非常に大きな問題として取り上げられました。

しかし、今の社会にどんな影響があるかといえば、ほとんどありません。当時、東京大学を受験したかった人にとっては悲劇でしたが、それぞれに別の大学におさまって、立派に社会人となり、もう定年退職されている方々がほとんどでしょう。

今年度、受験を迎える子どもにとって、たしかに今年度のこの授業環境は過酷かもしれません。

しかし、チャレンジはこのときが唯一ではありません。中学受験の勉強時間が足りなくて、万が一思い通りでなくても、高校受験もあるし、大学受験もある。**人間到るところ青山《せいざん》あり。今、この時期にイラついてもしかたがない。**そういう時期なのだと腹を据えてほしいと思います。

いや、イラついて不安になっているのは保護者だけかもしれません。意外に子どもは「しかたがないさ」と達観し、自然に受け入れているものです。

Point

今年受験がうまくいかなくてもチャンスはまだまだある。イラつくより腹を据えて取り組もう

アメリカでは「勉強についていけない」と思えば自ら留年することも少なくない

今の日本の教育環境では、その学年で示された学習指導要領を1年間ですべて終え、生徒は学習指導要領の内容を、しっかりと理解することを望まれます。うまく理解できない場合、「勉強についていけていない」と、保護者も子どもも心配します。

もちろん、学習についていけないことは問題なので、多くの方は親が教える、塾に行く、先生に相談するなどして、なんとかついていこうと努力します。

ところが、アメリカの場合は、あっけらかんと、「今年度の授業についていけないので留年して、もう1年しっかり勉強します」と決める生徒や保護者もいるのです。

「わからないまま進級しても、その先も理解できなくなる。義務教育期間の子どもは学習内容を理解できるように教えてもらえる権利がある」という判断です。

そんなことはなかなか日本ではできない、というのは当然ですし、そうしなさいと言っているわけではありません。しかし、2020年の3月からの1年間は、特殊なのです。この1年間に起こることに、あまり思い悩まないほうがいい、というのが私の意見です。

日本人は、年齢によるスケジュール感が非常に明確で、「12歳になったら小学校を卒業して中学校に行く」というスケジュールをあえて変える人はほぼいません。けれど、「アクシデントがあれば、留年してもいい、休学してもいい」。あるいは、「理解が浅いまま進級したってしょうがない」。こんなふうに開き直れば、少しラクになるのではないでしょうか。小さい頃、病弱だった私は6歳での小学校の就学を延期して7歳で入学しました。

日本では大学を卒業すると、すぐに就職するため、就職活動にもシビアに取り組みます。どうしてもどこかに就職しなければいけないと思うので、ともすると意に添わない就職先でもあきらめる、ということが起こります。

しかし、アメリカでは、

「大学を卒業したらバックパッカーになって世界中を見てやろう」

と、世界に飛び出す若者もいます。

「就職は、世界を見てからでいい」

と。今の日本では、なかなか勇気が必要な行為かもしれませんが、そのほうが、社会を見据える大人になれるかもしれません。

無理に就職活動をするのではなく、何か専門的な勉強をしたり、資格を取ったりしてから就職する、というのもひとつのやりかたといえるのです。

「こうでなければいけない」という思い込みをはずせば、この激動の時期も、もう少しラクに乗り越えられます。

いつもと状況が違う時期には、これまでの自分を振り返ったり、新たな時代のために知恵を絞ったりと、今までできなかったことをする好機です。楽観的に物事を考えることも、時代を乗り切る知恵です。

Point

「1年で完璧にやらなければいけない」という思い込みをはずし、自由に発想すれば新たな世界が広がる

失敗する人生を受け入れよう。それこそが次の成功のチャンス

かつて、私はとても悲観的な人間でした。最悪のことを考え、絶望を受け入れなくてはならない、というような考え方でした。

たとえば、大学受験についても、非常にナーバスになっていました。

私の実家は東京下町の商家で、学歴があまり必要なく、大学受験をする親戚もそれほどいませんでした。ですから、いざ受験となると、周囲に経験者もいない上、「失敗してはならない」という強いプレッシャーにさいなまれ、夜も眠れないほどになりました。

そんな折、道ばたでばったり、小学校6年生のときの担任の先生に会ったのです。きっと私は青白い顔をしていたのでしょう。心配になったのか、近くに住んでいるからと、自宅にあげてくれました。そして、唐突にこう聞いたのです。

「君は、何歳まで生きるつもりだ?」

当時、男性の平均寿命は60歳代でしたので、それより少し長生きしたいと考え、

「うーん、70歳ぐらいですかね」

と答えたら、ニコニコされて、こう言いました。

「そうか、大学を落ちたら71歳まで生きなさい」

それを聞いて、すーっとラクになりました。

挑戦することは大事だけれど、それに自分が打ちのめされてはいけない。

時間はあるのです。だめなら来年また受けて、卒業が1年遅れた分、1年長生きすればいい。

まして、今の世代の人たちは、人生100年時代です。最大の努力をして、よりよい選択をして、それでもうまくいかなかったら再チャレンジする時間は、たっぷりあります。

人生、気長にいきましょう。

Point

人生100年時代、チャレンジのチャンスはいくらでもある。焦らず、楽天的に構えるといい

子どもの失敗、大いにけっこう！親が先回りして失敗を防いではダメ

学校の勉強、友達関係、受験や部活動……。

保護者は、つい子どもが心配になり、先回りして、失敗しないように手はずを整えてしまいがちですが、それはやらないほうがいい。

失敗しない人生を目指さなくていいのです。保護者の方も、考えてみれば、たくさん失敗してきているはずです。でも、ちゃんと生きています。失敗したからこそ、今の自分があるのです。その自分に自信を持てばいい。

むしろ、保護者の方は、子どもに失敗したときのことを話してあげてください。親が子ども時代のことを、子どもに伝えるのはとても大切なことです。親にも子ども時代があったのだと。

そのときにはやんちゃだったり、忘れん坊だったり、恥ずかしがり屋だったり、自分のリアルな様子も話すと、子どもはほっとします。

「試験の前なのに小説ばかり読んでいて、ちっとも勉強しなくて最悪の点数だった」
「試験の前日、友達といかに勉強していないかを夜中に電話していたら朝になった」
「部活をサボっていたらレギュラーをはずされた」

などなど。実は保護者だって、そんなにちゃんと勉強していなかったのです。品行方正でもなかったでしょう。

それなのに、子どもにばかり要求するのも、おかしなことなのです。

さまざまな失敗をし、親や先生に怒られながら、それでもなんとかかんとか大人になって、今がある。そのエピソード自体が、子どものロールモデルになるのです。でも話を盛ってはいけません。武勇伝を語る必要はありません。

親の子ども時代を見せてみる

保護者の子どもの頃の写真や、卒業文集があったら、ぜひ子どもに見せてあげましょう。

「こんなに太っていたんだ！」

「ちょっと不良っぽい」

「汚い字！」

などと笑い合うのも、楽しいはずです。

そして、そんな子ども時代を送りながら、結婚して親になって、自分の面倒を見てくれている。微笑ましく親近感の持てる子ども時代を共有しながらも、子どもは親の成熟を目《ま》の当たりにし、「お父さんやお母さんはそれなりにがんばったのだ」と痛感する。そして、親に対して尊敬の気持ちも持てます。

失敗をしてこそ生身の人間、失敗してこそ親の今がある。

親がカビ臭い昔の、あるいはだれかが作った理想像を掲げ、「こういうふうになってほしい」「なぜなれないんだ」と子どもを責め立てたら、それは自分の人生を棚に上げたことになり、血の通ったあたたかみのある話にはなりません。

それより、失敗を乗り越えた自分を子どもに語り、笑いの中から、歩むべき道を自分の行動から教えてあげましょう。

Point

親の失敗を見せることで子どもは勇気が出る。親の昔の写真や卒業文集などを見せるのもよい

親の自己肯定感が低いことが問題。もっと自慢していい！

第1章でも述べましたが、日本の子どもや若者は、世界の国々と比べると自己肯定感が低いことで知られています。しかし、その根底には、親の自己肯定感が低いことがある、とも言われます。

自分がうまくできなかったから、子どもには社会でうまくやってほしい、自分の自己肯定感が低いから、せめて子どもは高くしたい。

でもそれはなかなか実現しにくいのです。**自己肯定感は親子セットで高いほうがいいのです。**

「そんなことを言われても、自分を誇るところなんかない」

と思っているかもしれません。でも、そんなことはありません。

毎日仕事をがんばり、お金を稼いで子どもたちを育てている。そのことだけでも、非常に立派な大人です。もっと自分に誇りを持ってよいのです。

日本人は謙遜し、すぐに、

「自分なんてたいしたことがない」

「いえいえ、もうぜんぜんダメで」

などと言います。でも、アメリカ人は、

「自分はこんな素敵なことができる、なかなかいいでしょう？」

とごく自然に言います。この違いは大きい。人生の楽しさを感じる力も違ってきます。

日本にいたときは悲観的だった私も、アメリカに渡って、180度変わりました。アメリカには、謙遜という概念があまりないのです。それより、自分をアピールできたほうがうまくいく。そして、発言したことには責任を持ちます。

こうした行動が親の自己肯定感となり、親がいきいきと楽しそうに大人の人生を生きていることが、子どもの自己肯定感も上げていくのです。

Point

謙遜するという概念はアメリカにはあまりない。自己肯定感は親子セットで高くしよう

今こそ「生きる力」をつけよう！子どもは献立から考えて調理する

新型コロナウイルス感染拡大により、子どもの生活に影響があったのは、休校だけではありません。保護者がテレワークを強《し》いられ、ずっと家にいたことも非常に大きな変化でした。

24時間、家族が家で過ごすことになった家庭も多かったでしょう。

家庭は団らんの場だったのに、親の仕事の場、子どもの学校代わりの勉強の場になり、家族の密集とともに、家が今までにない異空間になりました。戸惑い、窮屈に感じ、ネガティブ思考になりがちだったかもしれません。

しかし、これもポジティブに考えましょう。

テレワークは、子どもが、親の仕事ぶりを見るチャンスでした。

いつも家でビールを飲んでテレビを観て笑っているお父さんが、会社の人と真剣にビデオ会議をしている。「疲れた、疲れた」と言いながら家に帰ってくるお母さんが、いきいきとパソコンに向かっている。

そんな姿を子どもは新鮮な目で見ていたのではないでしょうか。

あるいは、医療関係、保育関係、スーパーなどに勤務している保護者が、感染の危険にさらされながら果敢《かかん》に働きに出ていく姿に、子どもたちは尊敬の念を抱いていたかもしれません。

常に忙しく、子どもと遊ぶ時間がなかった両親が、自宅待機になったために子どもと向き合う時間が持てた場合もあります。

いずれにせよ、子どもたちにとって、いつもとは違う親の表情や姿を発見するよい機会になりました。

また忙しい日常に戻りつつあるかもしれませんが、親のがんばっている姿を知った子どもたちには、新しい体験をさせてあげましょう。いつもは食べさせてもらって、洗濯と掃除をしてもらって生活していたと思いますが、いまだ厳しい状況にさらされている親のため、子どもには家事を担ってもらういいチャンスです。

テレワーク中も、親が通勤するようになってからも、子どもが家庭経営にもっと参

加する時間を作りましょう。

たとえば、家族の食事担当になるのです。親に材料を買ってきてもらって、調理器具や食器を用意してもらって調理をするのではなく、子どもが自分で献立を考え、買い物をして、調理をし、片付けるところまで責任を持って担うのです。

ちょっと心配な部分はあるかもしれませんが、小学校3、4年になれば、ひとりでできるでしょう。火を使わせるのが心配なら、電子レンジで加熱する料理でもよいのです。とにかく本人に全部を任せてみたら、何かが変わります。

そして、「できた」自分に、自信を持てるようになるでしょう。そのためにも、多少失敗はあっても、「おいしい」と褒めながら食べましょう。

料理も子どもにとってはアクティブ・ラーニング

実は、これもまた、後述するアクティブ・ラーニングだと、私は思っています。与えられた学習をするのではない。自分で考え、企画し、予算を立て、買い物をしてお金を払い、調理する。どうやったら家族に喜んでもらえるか、どうしたら効率よく調理や片付けができるか。行動しながら考えていき、実践しないと結果が出ません。しかし、戸惑いながら、失敗しながら自分が決めた任務を終えることができ、褒められることで、「自ら学ぶ」姿勢を持つことができます。

部活や試験勉強に忙しかった以前なら、こんなことを子どもはやらなかったかもしれない。コロナ禍が、子どもに新しい体験を与えてくれたのです。

ポジティブにピンチを楽しむ

「新型コロナウイルスのせいで、こんなつらい状況になっている」と、考えるのをやめましょう。

できないことを数えると、人は滅入ってしまうのです。けれど、できること、できたことを探すと、自信が持てる。それこそが新しい時代の新しい発見です。

できないのは、しょうがない。「しょうがない」という言葉で腹をくくって前に進めば、よいのです。ポジティブな「しょうがない」です。

また、**大人がこれまでより仕事時間が減って、家にのんびりいる時間が長くなって**

いるなら、子どもと存分に遊びましょう。子どもとなぞなぞをする、積み木をする、ゲームをする。なんでもいいのです。心底楽しみながら、自分も子どもになった気持ちで遊ぶ体験をするとよいでしょう。

小さな子どもならなおのこと、相手をしてあげることが大事です。仕事や生活が日常に戻ったあとも、たとえ忙しくても、1時間でも時間を作って真剣に遊ぶと、大人も今までと違う自分を発見できます。

ピンチは、チャンス。ネガティブからポジティブへ。

楽しいこと、うれしいことを見つけていくベター・セレクションで、逆境を生き抜く力を、親子ともどもつけていきましょう。

Point

巣ごもりのネガティブさを、楽しさに変える。そんな大人の姿勢が、子どもの自信につながる

第3章

これから、学校で何を学べばいいですか？

オンライン授業は新しい選択肢。クラスの一体感も生まれる

新型コロナウイルス感染拡大で学校が休校になり、オンラインで授業を始めた学校が増えました。

先生に対面で教えてもらわずに、勉強ってできるの？　と、保護者も不安だったと思いますし、教師も大変でしたが、オンライン授業を始めた学校では、意外に浸透が早かったように思います。

折しも、2020年の春は新学習指導要領が始まる年でした。その内容を見ても、予想していたわけでもないのに、オンライン授業は、ある意味、新学習指導要領の理念の一部を担うようなものになったと思います。

「2．新しい学習指導要領等が目指す姿（2）育成すべき資質・能力について」の中に、次のような記述があります。

「**変化の中に生きる社会的存在として**
・複雑で変化の激しい社会の中では、固有の組織のこれまでの在り方を前提として
どのように生きるかだけではなく、様々な情報や出来事を受け止め、主体的に判
断しながら、自分を社会の中でどのように位置付け、社会をどう描くかを考え、
他者と一緒に生き、課題を解決していくための力が必要となる。」

（文部科学省ホームページより）

学校に行けない中でも主体的に判断し、他者と一緒に生きて、課題を解決。まさに、このオンライン授業をやること、授業を受けることを示唆しているようにも思えます。

オンライン授業は、できる環境にある学校とそうでない学校がありますが、私が2020年春から学園長になった北鎌倉女子学園では、2年前からアップル社と連携し、iPadが支給され、すでにインターネットを使った授業も進めていました。ですから、休校中も非常に恵まれた環境の中、オンライン授業を実施できました。

まず、朝は最初にクラス全員の出席をとり、全員の顔を映し出してから授業に入り

ます。

授業は40分を午前中に3回。

通常、中高生の授業は1時限50分のことが多いですが、40分にするのは、オンラインだといつもの授業より少し疲れることを配慮しています。

オンラインだから疲れるというより、オンラインで顔をいつも正面に向けていることに疲れるのです。授業中のことを思い出してみてください。ずっと先生のほうを向いて集中して聴いている生徒は何人いるでしょうか。隣の席の子にちょっかいを出したり、窓の外の風景を見たり、教師の話からときどきはずれる時間があるのがふつうです。

50分、ずっと先生の顔を見て勉強に集中して、10分後にすぐ次の授業に入るのは大変だろうと考えているのです。

映像授業とともにチャットも並行して使う

オンライン授業では、不登校だった生徒が、オンラインなら参加できるという想定外のメリットもありました。特に、画面の他にチャットで質問や発言ができるのですが、そこに積極的に書き込み、しっかり授業を聴く子がいます。
ですから、オンライン授業は、できたら双方向がよいと思います。クラス全員の顔が見られ、声が聞こえる。一体感を持てます。
多くの学校で同じようなことが見られ、クラスメイトも喜び、一体感が生まれたという話を聞きます。

当初、オンライン授業は味気ない、という思いはありましたが、多様な生徒を包み込むメリットがあるという大きな発見がありました。
そして何より、これからもあるかもしれない長い休校に、今後はしっかり対応できます。

「対面でないとダメだ」ではなく、「対面もオンラインもあり」。**ピンチになったときに切り替えられる手段があることは、今後の教育に大きな一歩を踏み出せたと思います。**

今までの感覚でベストを目指すと、「教師と生徒が対面で授業をする、それ以外は劣っている」ことになってしまいますが、ベター・セレクションによって得られるメリットは大きい。

新しい授業の形が生まれたので、教師はこの形の中で、よりよい授業の技術を磨くという新たな課題をつきつけられました。が、それもまた、教師自身の学びとなり、伝達技術の上達につながるよい機会だと、ポジティブに考えたいと思います。

オンライン授業は、教育の「ニュー・ノーマル」になるでしょう。

公立の学校では、まだオンライン授業をやるICTの環境が整っていない、環境が整っていたとしても、小学校低学年と中学年は自分でパソコンを扱うには難しい、という課題があると思います。そこは、プリント授業で補うなど、教師や学校の努力が必要になりますが、国として、早急に環境を整えてもらいたいと考えます。

Point

ピンチが訪れても授業を行う手段がある。選択肢が増えたことが、オンライン授業のメリット

オンラインでも生徒主体の授業はできる。生徒が問題を作ってクラス全員で解く

オンラインの授業だと、先生がひたすらしゃべって生徒が聴くだけになりがちです。そこをどう打破するかが、教師の手腕です。工夫の余地はさまざまあるのです。たとえば、国語であれば、予習でクラス共通の文章を読んでくる。短編小説でもいいでしょう。読後感について討議するような授業は、双方向の授業として活発な意見を交わせると思います。

ビデオ通話をしながらでもいいですし、人見知りの子どもなら、同時に配信できるチャットで意見を言ってもいい。**自由度が高いのも、オンライン授業のメリットです。**

理科や社会であれば、生徒が問題を作って他の生徒に解いてもらう。クラス全員、一人ひとりが問題を作り、全員で解く形を作ります。解答をお互いに共有し、問題を

作った人と解答をした人との間でディスカッションをするのも新しい学習スタイルとして有効です。話し合うことでクラスがいきいきとしてきます。

正解がわかりやすい問題でもいいし、正解が出ない問題でもいい。クイズのような問題でもいいのです。

「徳川家康は『たぬき親父』と呼ばれていましたが、なぜでしょう?」など。クラス全員でワイワイと話し合い、不正解の解答もみんなで笑い合い、楽しみ、「そうじゃなくて!」などと言い合えば、しっかりと内容が定着できるというメリットがあります。

生徒や保護者の側から、このような双方向授業の提案をしてもいいかもしれません。

こうしたことは、家庭学習でも有効です。子どもが問題を作って、親が答える。わかる問題もあれば、わからない問題もあっていいのです。子どもが自慢げに教えてくれるでしょう。

親に教えることは子どもの快感です。「へぇ、そうなんだ！」などと感心しながら子どもの解説を聞くと、ますます本人は楽しくなってきます。

自然と学校の授業の復習になり、これも知識の定着が期待できます。

Point

予習と復習を自宅でするとオンライン授業の定着が深まる。子どもが問題を出して親が解くのもいい

学校の役割は勉強だけではない。「生徒集団を作ること」が大きな目的

オンライン授業を実際に体験してみると、完璧ではないにせよ、知育の部分はかなり満たされることがわかりました。家にいても、海外にいてもクラスメイトと同じ授業が受けられ、英語を含む5教科をカバーできます。

そもそも、このようにオンライン授業が始まる前も、受験勉強などは学校よりも塾が頼りでした。

もしかすると、子どもたちも保護者も、休校前から、学習面では学校を100％頼りにしていたわけではなかったかもしれません。

そうなってくると、「学校に行くこと」の意義がどこにあるのか。

勉強が他でカバーされるのなら、学校は行かなくてよいのでしょうか？

私は、オンライン授業がどれだけ進んでも、学校に行く意義は大きいと思っています。それは、「生徒集団を作る」という意味があるからです。

同じ歳、あるいは先輩・後輩の仲も含めて生徒集団を作り、その中で自分の立ち位置を獲得し、仲間たちに信頼されたり、一緒に何かを成し遂げたりする場としての学校が必要だと思っています。

子どもたちはやがて学校を卒業し、社会に出ていきます。社会に出て仕事をすれば、必ずだれかとコミュニケーションしなければならない。オンライン、チャットのコミュニケーション中心の仕事だったとしても、その中でも対面のコミュニケーションは必要ですし、だれにも会わずに仕事ができるわけではありません。

学校で生徒集団を作り、その中で友達ができる、いろいろなぶつかり合い、葛藤がある。しかしそれは、大人になって社会集団を作るためのいい経験になります。

逆に言えば、大人集団も子ども集団と同じような利点があるし、欠点があります。子どもの世界にいじめがあるように、大人の世界にもハラスメントがある。それをどう受け止め、対処していくか。

大人になって路頭に迷わないよう、今体験しておくことの重要さもあるのです。

集団でこそ得られるものがある

昔は、学校は教師が勉強を授けるところ、そして生活の中での経験は、地域ぐるみで教えていました。子どもの頃は道ばたでキャッチボールをしていると、口うるさいおじさんの家の庭にボールが入ってしまい、大目玉をくらう。缶蹴りなどをして夜遅くまで遊んでいると、近所のおばさんが「帰りなさい」と諭《さと》してくれました。

地域のお祭りが盛んでしたから、その手伝いをすることで、大人たちから礼儀を学ぶことも多かったのです。

もう少し大きくなると、若衆宿といって、一定の年齢に達した地域の青年を集め、地域の規律や生活上のルールを伝える土俗的な教育組織の場がありました。ここでは、性的なことも覚え、大人になっていきます。

しかし、今はこうした地域での学びが少ないために、**生活の中でのルールの作り方や守り方、世間の渡り方などの教育は学校が引き受け、生徒集団の中で学ぶようになりました。**

部活などはそのいい例で、先輩がスポーツや文化を教えてくれるだけでなく、練習方法からチーム力の作り方、勝負への向かい方までを教えてくれます。

また、運動会や文化祭などの行事は、練習を重ねた成果を披露するというだけでなく、パフォーマンスのしかた、来客の楽しませ方なども生徒同士で考えて実践します。また、学校によっては文化祭の構成を考え、予算立てから販売利益の決算までを生徒に体験させるところもあり、まさに社会集団の練習ができる場にもなります。

日頃の学校生活でも、給食の食べ方のマナーや、集団で授業を受けるときの姿勢などを学ぶことができます。むしろ、学校の意義とは、この部分が大きい。友達と一緒に生活力や生命力を養うことができるのです。

子どもたちもそれをわかっているからこそ、「早くクラスの仲間に会いたい、部活をやりたい」と言うのです。

コロナ禍で、学校の今後のあり方もこれまでとは違う側面が浮き彫りにされています。ともあれ学校に行くことは、子どもの成長に欠かせないことには、変わりがありません。

Point

勉強をするよりも生徒集団の中でのふるまい方を学ぶ。部活や行事も子どもたちが社会性を学ぶよい機会

新学習指導要領では「生きていく力」を重視。思考力・判断力・表現力を養う

日本が高度成長期だった時代はとうに終わり、これからは世界が大きく動く時期です。今回のようなウイルスによる恐怖を味わうこともあるでしょうし、地震大国の日本では天変地異もあるでしょう。そのたびに、人は知恵を絞り、生きていく力を発揮する必要があります。

また、**日常生活でコンピュータを使うことがごく当たり前になり、人工知能の出現によっても、我々の職業やビジネスも大きく変わります。**

これまで以上に変化の大きい時代を生き抜くために、子どもたちにどんな教育を授ければいいか。それを示すのが、２０２０年からの新学習指導要領です。

学習指導要領は、学校教育法に基づいて、国が定める教育課程の基準です。教育の

目標や指導すべき内容等が体系的に示され、各学校は、その内容を踏まえ、教育課程を編成し、年間指導計画や授業ごとの学習指導案等を作成し、実施するものと定められています。

そして、文部科学省はこう述べています。

「指導すべき個別の内容事項の検討に入る前に、まずは学習する子供の視点に立ち、教育課程全体や各教科等の学びを通じて『何ができるようになるのか』という観点から、育成すべき資質・能力を整理する必要がある。その上で、整理された資質・能力を育成するために『何を学ぶのか』という、必要な指導内容等を検討し、その内容を『どのように学ぶのか』という、子供たちの具体的な学びの姿を考えながら構成していく必要がある。」（文部科学省ホームページより）

これまで、日本では、学校で学ぶことは学科ごとの知識や技能が中心だったように思います。しかし、知識や技能を持っているだけでは、これからの変化に満ちた時代は乗り切っていけません。

新学習指導要領では、育成すべき資質・能力を以下のような3つの柱で整理し、発達に応じて、これら3つをそれぞれバランスよくふくらませながら、子どもたちが大きく成長していけるよう、学習の方向性を立てることになっています。

1）「何を知っているか、何ができるか（個別の知識・技能）」

各教科等に関する個別の知識や技能などであり、身体的技能や芸術表現のための技能等も含む。（後略）

2）「知っていること・できることをどう使うか（思考力・判断力・表現力等）」

問題を発見し、その問題を定義し解決の方向性を決定し、解決方法を探して計画を立て、結果を予測しながら実行し、プロセスを振り返って次の問題発見・解決につなげていくこと（問題発見・解決）や、情報を他者と共有しながら、対話や議論を通じて互いの多様な考え方の共通点や相違点を理解し、相手の考えに共感したり多様な考えを統合したりして、協力しながら問題を解決していくこと（協働的問題解決）のために必要な思考力・判断力・表現力等である。（後略）

3）「どのように社会・世界と関わり、よりよい人生を送るか（学びに向かう力、人間性等）」

上記の1）及び2）の資質・能力を、どのような方向性で働かせていくかを決定付ける重要な要素であり、以下のような情意や態度等に関わるものが含まれる。

（後略）（文部科学省ホームページより）

育成すべき資質・能力

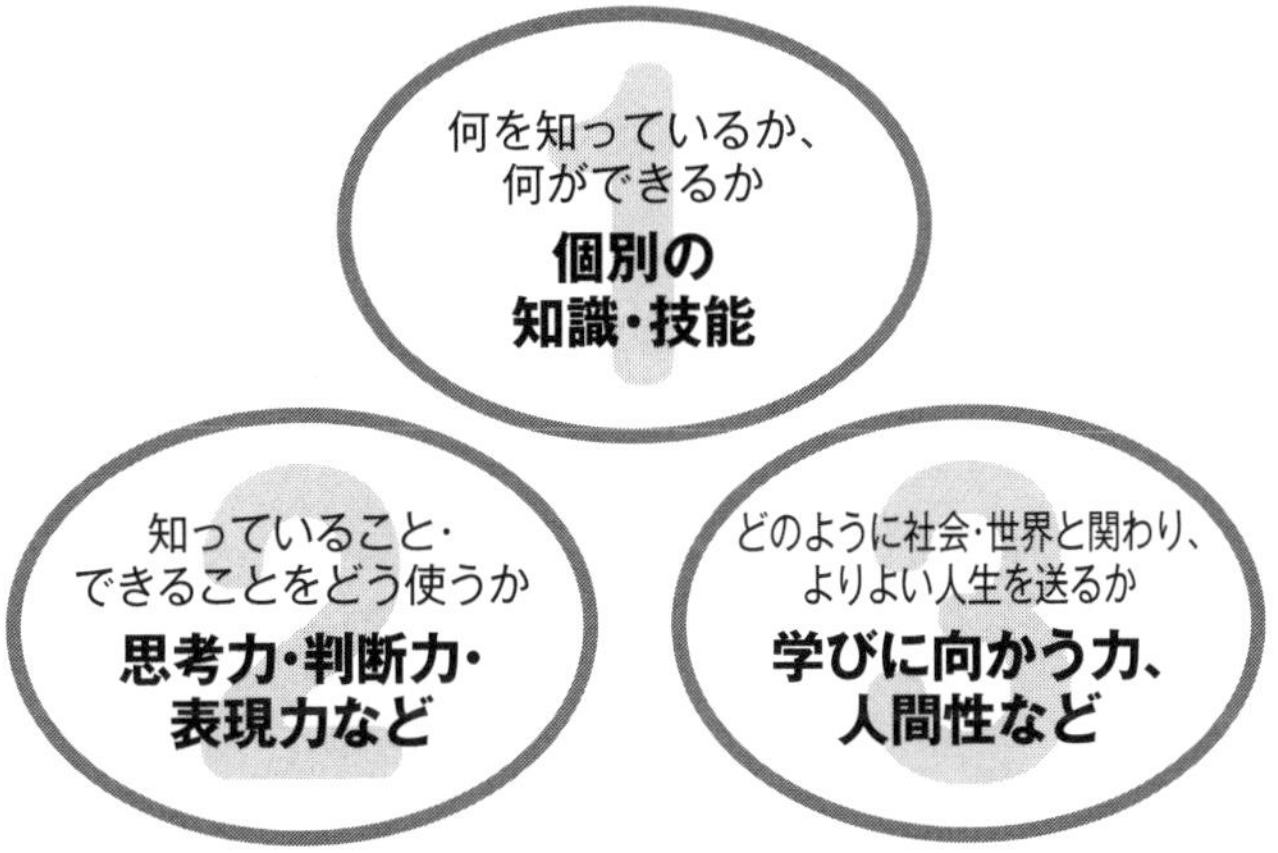

文部科学省ホームページ「2.新しい学習指導要領等が目指す姿」より作成

この理念は、小学校、中学校、高校に共通するもので、大学受験においても意識される内容でもあります。

こうしてみると、学校の学習自体が大きく変わり、知育中心から日々の生活や将来に活かせる教育が目標とされることがわかります。

中でも、特に注目される学習内容が、

・英語
・国際性を意識した学習
・プログラミング的思考
・アクティブ・ラーニング

だと私は思っています。

どれも2020年から小学校で行わ

れ、2021年には中学校、2022年には高校1年生から始まる学習です。名前くらいは聞いたことがあるかもしれませんが、なぜ必要？　どんなことを学ぶ？　わからないことだらけではないでしょうか。

そこで、次からの章では、これらを具体的に取り上げ、私の解釈や経験を踏まえて、子どもたちをこれからの学習にどう向かわせるとよいか、家庭でのフォローも含めて語っていきたいと思います。

Point

英語や国際的な教育やプログラミング的思考、アクティブ・ラーニング。新しい教育を親も理解しよう

第4章

これからの時代、英語が話せないとダメですか？

小学校の学習指導要領にも英語のスピーキング。「外国人と話せる大人になる」ことを目指す

２０２０年から、戦後最大規模と呼ばれる教育改革が行われています。そのひとつとして、「小中高校の新学習指導要領」が定められました。

「学習指導要領」とは、全国どこの学校でも一定の水準が保てるよう、文部科学省が定めている教育課程（カリキュラム）の基準です。子どもたちが使う教科書や時間割は、これをもとに作られます。

この学習指導要領は、およそ10年に１度改訂され、２０２０年は、まさに改定の年。以前とガラリと変わる内容に、注目が集まっています。

新学習指導要領の中で、特に大きく変わるのが英語教育。「英語教育改革」と呼ばれるほどの大きな変化で、外国語教育として「４技能の習得」が含まれます。

「読むこと」「書くこと」重視から「聞ける」そして「話せる」英語へ

４技能とは、「聞くこと」「読むこと」「話すこと」「書くこと」。

これまで、学校教育の中での外国語教育（主に英語）は、「読むこと」「書くこと」を中心に行われてきましたが、「聞くこと」や「話すこと」も重要視するのです。

「聞くこと」については、大学入試のセンター試験でもリスニングの試験がありますし、学校の教科書などにも、ネイティブスピーカーが話す音声がついていて、これを聞きながら勉強する、ということで、なじみがありました。けれど、「話すこと」＝スピーキングはなかなか一般の学校では授業に取り入れられませんでした。

これではまずい、ということで、４つの技能をまんべんなく勉強しよう、というのが、新しい外国語教育の方針です。


今回、文部科学省が掲げる、「スピーキングを重要視する」ということを、私なりに解釈すると、次のようなことになります。

日本は観光大国になって、インバウンドで年に３０００万～４０００万人の外国人が来るようになりました。かつて英語のスピーキング力はエリート層か、外国人が多く住む地域でしか必要とされることがほとんどありませんでした。しかし、こうした状況の中では、駅員さんもタクシーの運転手さんも小売店の人たちも、英語を耳で理解し、簡単なやりとりをする必要が出てくる。**外国人と話せることが、大きなビジネスチャンスになり、また日常にもなっていきます。**

特に、東京や大阪などの大都市では、新型コロナウイルスの感染拡大の影響による外国人不在の時期を除けば、繁華街や観光地の人口は、日本人よりもむしろ外国人のほうが多いと感じるくらいです。今後も落ち着けばそうなっていくでしょう。

すでに、道路標示、交通機関の案内だけでなく、デパートのトイレや飲食店のメニューに至るまで、外国語が併記されています。

つまり、英語のスピーキング力は日常に不可欠になってきたのです。

英語に対する自信のなさがあると英語力は磨かれない

15世紀より前には、中国語以外の外国語が日本にはあまり入ってきませんでした。ユーラシア大陸から東にはずれている島国という地勢的な条件もあって、日本はもともと外国人があまり訪れない土地でした。中国大陸、あるいは朝鮮半島との交流が主で西日本の港や島々で細々と行われていました。ですから日本列島の主な場所では、外国語を話す機会があまりありませんでした。

その後、大航海時代にヨーロッパ人がやってきましたが、江戸時代は鎖国でオランダ語しか許されなかった。

こうした時代に、外国語に接するのは、いわゆる知識人です。外国語の書物を読み、何が書いてあるかを理解することが中心で、オランダ人と話す人はごくわずかです。そのやり方は、後にアングロサクソン人が入ってきてからも同じで、とにかく、文献を読めさえすればよい。せいぜい翻訳ができればいい。というわけで、日本の外国語教育は、「読む」「書く」に終始してきたというわけです。

そのため東京大学などでは、英語の４技能を入試で課すことにあまり興味がありません。

そんな中、海外旅行先などで、英語がしゃべれないことにコンプレックスを持つ人たちが増えてきました。また、仕事で海外駐在となる人も増えて、赴任先では英語で話せないと困るからと、街中に英会話スクールが林立しました。

しかし、学んでも自信が持てない……こうした会話に対する自信のなさは、小さな頃から英語に触れていないからだ、ということも大きな理由のひとつです。

文部科学省は小学校から英語教育をしたほうがいい、ということで、すでに英語の授業が始まっている学校もあります。

高校の英語の教科名が変わり、内容も変わる

ただ、文部科学省が４技能の英語教育を進めるのは、単に話す技術を養うのではありません。「英語を使って何ができるようになるか」という観点で、新学習指導要領の内容を決めています。

英語を学んで、通訳や翻訳など、英語そのものを職業にする人を増やそうとしているわけではありません。海外の人と一緒に製品の開発をする、世界に通用するＩＴシステムを作るなど、自分の得意なことを生かしながら、世界に羽ばたくために英語力を使うことが目標です。

そのための学習の細かい内容については、各校に任せていますが、先進的な取り組みを行う学校では、タブレット、ＰＣ、電子黒板、テレビ会議システムなどを活用し、教室内の授業や他地域・海外の学校と交流を提案するなど、さまざまな学びか

ら、将来に向けての力を養うことを視野に入れています。

また、たとえば２０２２年から始まる高校生の新学習指導要領では、**英語に「論理・表現」という教科名が採用され、ディベートやディスカッションを通じて発信力を高める学びを進めていくことになります。**

「読む」「書く」中心だった学校の英語は、今後さらに大きく変わっていくのです。

「４技能をまんべんなく磨く」などと聞くと、日本人は勤勉なので、どれもこれも平均点以上になろうと努力します。もしもスピーキングが苦手なら、「自分はうまくしゃべれないからがんばらなくては」と歯を食いしばって必死に努力する。

しかし、そんなことでは、英語がよけいにつまらなくなります。

語学はたしかに学ぶのが大変です。

けれど、少しでも楽しく学んでほしい。そのためにどうしたらいいかを、これからたくさん提案します。それこそが、英語を学ぶ醍醐味《だいごみ》だと思うからです。

Point

自分を褒めながら勉強して「使える英語」を身につけよう

カタカナ英語を話すのは恥ずかしい？
お国なまりの英語で貫き通す外国人は多い

日本人がスピーキングを苦手と感じるのは、「発音が悪いから」だと思っている人が多いです。

たとえば it を発音するときに、「イット」と、最後の1文字に母音を入れてしまうのが日本人のくせです。英語では t は、息の音だけを発音しますが、どうしても日頃の日本語のくせが出やすいのです。これは当然のことです。ドイツ人の英語はドイツ語の母音が日本語に近いせいもあって私には聞き取りやすい発音です。スカンジナビアの人々の英語も聞き取りやすかったですが、フランス人の英語は鼻音の多いフランス語の影響でとても聞き取りにくかったです。発音が悪いから通じないのだ、と思っているかもしれませんが、そうではありません。

モジモジして、相手の顔を見てしっかり話さないから。自分の意思をはっきり伝えられず、「できたらお願いします」「どちらでもいいです」などと優柔不断な態度だから。

スピーキング力というより、英語に対する自信のなさ、自己肯定感の低さが、英語を伝えにくくしているのです。

インド人の英語もフランス人の英語も聞き取りにくい

他の国でも、きれいな英語を話していないケースはたくさんあります。インド人のエリートなどは、「自分の母国語は英語」と思っている人もいますが、そういう人の英語はすごくなまっていてよく聞き取れません。オーストラリア人の英語もかなり独特だということは有名です。

I will go to the hospital today.（私は今日、病院へ行く）

という場合、最後の today は「トゥダイ」と発音するのが常で、

I will go to the hospital to die.（私は死ぬために病院へ行く）

と聞こえてしまう。フランス人の英語もラテン語風のイントネーションで、鼻にかかった発音なので、ますます聞き取りにくい。

アメリカ国内でも、日本に東北弁や関西弁があるように、各地に特有のなまりがあります。よくワシントンD.C.では、「国会議事堂であらゆる州の議員が演説してい

るが、その内容を全部聞き取れる人はひとりもいない」と言われています。発音はそういうものです。

日本人は、テレビに出てくるアメリカ人アナウンサーのような完璧な英語を目指します。けれど、あのように流ちょうに話せる人はそうそういません。お笑いの人たちの英語のギャグを理解しようと思っても、うまく聞き取れないですし、きれいな発音をする人のほうが少ないと思ったほうがいい。

でも、あまり気にせず、みんな堂々としゃべっています。それでいいのです。相手がわからなければ、もう一度聞き返してきますし、言い換えたり、「ああ、こういう発音ね」と正しい発音をしてくれたりして、少しずつスピーキング力を身につけていきます。だから、こまかいことを考えずに、しゃべればいいんです。

当然ですが、話さなければ話せるようになりません。

発音が悪くて相手に「もう一度お願いします」と言われても、ガッカリしないでゆっくり言い直せばいいのです。とにかく堂々としていれば、それだけで聞き取りやすい英語になっていきます。

正しい発音を教えてもらったらリピートすればよい

また、相手に、「ああ、〇〇ね」と正しい発音をしてもらったら、臆せず「もう一度言ってください」とお願いして発音してもらい、自分もリピートして、その場で発音チェックをしてもらえば、英語が上達します。

英語を、

- 知的階級のものだ
- 西洋人のものだ
- 外国人とよく接する選ばれた人のためのものだ

と考えないことが、通じる英語をしゃべれるようになる第一歩です。

特に、アメリカは移民を受け入れてきた国なので、さまざまな発音のなまりが飛び交うのが当たり前です。**「きれいな英語を話せるようになってから」などと思う必要はないし、そんなことを言っていては、いつまで経っても話せません。**

まずは、声に出して話すこと。これに尽きます。お子さんにもそう伝えて、とにかくどんどん話すように促してください。

Point

インド人もオーストラリア人も英語の発音は独特。
堂々としていれば聞き取ってもらえる

アジアンから英語を習えば気後れせず、親しみやすい

今どきの若者は、スマホで勉強をすることも多いでしょう。辞書として調べるだけでなく、YouTube などの動画サイトで英語を勉強することもあります。

そんなスマホ世代に向けて、開成の卒業生が「レアジョブ英会話」というオンライン英会話サービスを提供し、業界では顧客満足度ナンバー1を誇っています。

特徴としては、第2言語として英語を使っているフィリピン人の講師と勉強すること。そして、時差を利用し、朝6時から深夜1時までの間なら30分間隔で時間を選択でき、しかも開始5分前まで予約可能という、受講者の「思い立ったら」にも対応したレッスンが受けられることです。

さらに、物価の違いもあり、受講料が非常に手頃なところも注目されています。

多くの日本人は、欧米人と英語で会話をすると、気圧《けお》されてしまいがちです。しかし、同じアジアン同士なら、リラックスして話ができる、というところにも注目したようです。

講師たちは英語力の高さに加え、日本人の性格や文化への理解が深いのも特徴です。レッスンでは、緊張がほぐれるあたたかい雰囲気づくりに努めています。

初心者レベルから上級者まで、さまざまなニーズに応え、学校の進度に合わせたレッスンも可能です。

英語はアメリカ人かイギリス人、カナダ人に習わないといけないというのは、思い込みかもしれません。こうした小さな思い込みをなくし、英語に親しめることが、ためらわずにスピーキングができるようになる秘訣なのです。

話せる言葉が3つでも小学校に「ウェルカム！」なのがアメリカのよさ

私の息子たちは、私がハーバード大学で教えることになったため、8歳と5歳でアメリカのボストンに渡りました。私は、日本人が集まる日本人学校ではなく、それぞれ現地の普通の小学校で学ばせようと思い、現地校に面接に行きました。

アメリカの公立の学校では、「学びたい」と言えば外国人であろうと、英語がまったくしゃべれない子であろうと、「どうぞ、どうぞ」と受け入れてくれます。学力レベルや語学レベルは問いません。

うちでは入学前に教えた英語は3つだけでした。すなわち、

Good morning.

Thank you.

Where is men's room?

とりあえずこの3つさえしゃべれれば、時間が過ごせるだろうと思ったのです。

この話をしたら、現地の面接の先生はこう言ったのです。

「そうか、君たちすごいね、英語を3つもしゃべれるんだ！」

このポジティブ・シンキングはアメリカ人ならではです。子どもたちは褒められてうれしくなり、「受け入れられた」と感じて、安心して学校に通うことができました。実際、翌日学校に行き、"Where is men's room?"が「通じたよ！」とうれしそうに帰ってきました。

「しゃべれない」と思わずに「しゃべれそう！」と思うことが大事なのです。

英語は、新学習指導要領に小学生から学ぶことも記されているのですから、確かに「勉強」ではあります。しかし、少なくとも小学生のうちは、難しいことを考えずに、英語を話したり聞いたりすることに「慣れる」と考えたほうがよいでしょう。英語を学ぶスタートラインは「楽しい！」に越したことはありません。

Point

「3つしか話せない」のではなく「3つも話せる」。大人はポジティブ・シンキングで子どもと接する

学ぶ英語ではなく、楽しむ英語。絵本や歌で声に出すことが大事

「英語はコツコツとやらないと身につかない」とよく言われます。それは真実であるけれど、人はがまんを重ねると、それがキライになります。保護者のみなさんも子どもも、そうやって徐々に英語に対する苦手意識が生まれてきませんでしたか?

英語はできるだけ自然に、楽しく勉強したほうがいい。

たとえば、小さなお子さんなら、英語の絵本を活用する。子どもは絵本が大好きだし、絵があれば英語がわからなくても話は追えます。保護者が絵本を英語で読み聞かせても、絵で物語を理解できます。

もう少し正確に英語の意味を理解させるなら、同じ絵本の日本語版も用意するとよいでしょう。英語と日本語、両方を読むことで、英語の意味がわかるようになります。

我が家では、子どもたちが小さい頃は、『エルマーのぼうけん』という絵本の日本語版と英語版を用意し、日本語と英語の両方で読み聞かせをしていました。英語版も日本語版も挿絵は同じものなので、特に文法や単語を教えたわけではないのですが、ふたりとも物語を理解し、目で見て音で聞く英語を、自然に覚えていきました。

歌が好きなら、英語の歌を歌うことをおすすめします。音源と歌詞を用意して、歌詞を見ながら歌ったり、歌詞を見ないで歌ったりを繰り返していると、だんだん歌詞がなじんできて、そのうち歌詞を見なくても歌えるようになります。

中高生や大人も絵本を題材に英語を覚えるのは効果的

実は、絵本を英語と日本語で読む、英語の歌を歌うことは、子どもだけでなく、中高生や大人の英語習得にも非常に有効です。

絵本の場合は、自分の英語力に合わせたものを用意する。そして、まずは英語で読んでみましょう。なんとなく物語がわかっていれば、英語がスイスイ読めて、やる気になります。ペーパーバックよりも絵がある分、ストーリーが理解しやすいので、多少難しい内容にレベルアップしても気軽に読めると思います。

うまく理解できない単語や熟語、語法が出てきたら、自分で調べながら読む。調べた語はノートに記録し、忘れないようにすると力がつきます。

英語がある程度読めて自信がついたら、今度は日本語で読み、英語と見比べる。日本語表現を英語にするとこうなるのだ、というのが目で見えます。英訳と和訳の答えを確かめながら長文を読むのと同じです。

歌で英語を学ぶと音読効果も大きい

英語を歌で覚えることは、昔から多くの人が実践していました。ビートルズの歌を歌えるようになることで、英語を学んだ人はたくさんいます。歌の場合は、「歌う」ということで音読効果も大きい。

インターネットで探すと、英語の学習にふさわしい曲をすすめているサイトもありますし、歌で英語を覚えるアプリも紹介されています。

また、自分の好きな歌の題名を入れて検索をすれば、YouTubeで音源が出てきますし、同時に歌詞も調べることができます。

歌で英語を学ぶときも、絵本と同じで、日本語の歌詞と英語の歌詞を用意して歌うことが大事です。一度英語で歌ってみてから日本語の歌詞と照らし合わせ、わからないところは調べて記録しましょう。

そのときは、自分の好きな歌を、繰り返し歌うのがポイントです。

脳は、自分の興味のある情報に対しては「脳の伝達系脳番地」を非常によく働かせます。つまり、**脳は**

「その情報を聞きたい、読みたい状態」のときに、もっとも学習効果が高くなるのです。

子どもが好きな流行の歌はスラングばかりで英語の習得に役立たないのでは？　と思うかもしれませんが、案外そんなことはありません。インターネットで英語習得におすすめの曲などは、文法もしっかりしています。TOEIC®などでも、ヒットした曲の歌詞を問題に出す場合もあるほどです。

絵本や歌を使う勉強法は、ぜひお子さんにすすめてください。必要な教材やアプリがあれば、買ってあげましょう。歌は上手に歌えるようになったら「聞かせてよ」とリクエストしてみてください。発音よく上手に歌ったら拍手喝采です。

Point

好きな絵本や歌で英語を学ぶのがポイント。自分の興味のある情報に対しては脳はよく働く

「セサミストリート」や「えいごであそぼ」。子ども向けの番組は中高生の文法学習に効く

本や歌などもよいですが、今の子どもたちは動画で英語を学ぶのが得意です。

我が家の息子たちの場合は、アメリカでも日本でも「セサミストリート」をよく観ていて、これで英語に親しみました。

ご存じの方も多いと思いますが、「セサミストリート」はアメリカ合衆国連邦政府の育児支援施策のひとつとして、１９６９年から親しまれているテレビ番組です。

アメリカには多様な国の多様な家族が住んでいます。子どもたちが、小学校就学時に、少なくともアルファベットや10までの数を数えられるように、と国をあげて育児支援を目的につくられた教育番組なのです。

ですから、文法や発音なども正しく、安心して子どもに与えられます。

また、著名な俳優や歌手、文化人などがゲスト出演し、「さまざまな分野の優れた人と出会い、一緒に学ぶこと」の大切さをアピールしています。

今は番組は放映されていませんが、英語版のDVDがまだ販売されていますし、YouTubeなどでも英語版が配信されています。中学生、高校生でも、日本語なしで観る、あるいは字幕で観れば、よい英語の勉強になります。

少しやさしい教材は理解できる部分が多く安心して観られますし、定着にもよいので幼児向けの番組だからなどと思わずに繰り返し観せるとよいと思います。

この他、ＮＨＫ・Ｅテレの「えいごであそぼ with Orton」「基礎英語０　世界エイゴミッション」なども、子ども向け番組ですが、中学生ぐらいでも「なるほど」と思うような内容が満載です。ＮＨＫの番組はテキストがあったり、再放送やオンデマンドで繰り返し観られるので、忙しい中高生にもおすすめです。

Point

やさしい教材は理解度が高くその分記憶に残る。繰り返し観ればさらに定着する

多読は英語力を高める。簡単なものから始め、だんだん難易度を高くする

「英語はシャワーのように浴びるといい」とよく言いますが、私もそう思います。英語の学習は「質より量」と言われ、とにかく触れている時間が長いことが重要です。リーディングで言えば、「多読」がすすめられているのもそれが理由です。

せっかく時間を使うのですから、理解度高く学ぶことが大切です。たくさん触れても、その内容がまったくわからないのであれば、質も量も担保されません。

そこで、私がおすすめしたいのは、ひとつの物語を最初は平易な言葉と少ない語数で学び、だんだん語数を多く、難しい言葉も交えて学ぶラダー・エディション（階段編集）です。

たとえば、『ピーター・パン』の物語を読むとすると、最初は単語が３００～４００語程度。これを何度か読んで、しっかり読めるようになったら、次に中学生レベル

の１０００語、その次は１３００語、１６００語、２０００語と増やしていきます。最初の３００語のときに物語の内容を理解しているので、１０００語、１３００語と増えていっても、はじめての文章を読むよりリラックスできます。

「難しくて内容がわからない」というストレスがないだけでも、物語への親しみ、学習へのモチベーションにつながります。

開成の生徒たちも、このラダー・エディションを活用して、英語力を高めています。図書館には段階別、物語別の冊子が数多く用意され、頻繁《ひんぱん》に貸し出されています。

多読と聞くと身構えてしまい、「時間もないし、英語力もないから読めない」となってしまいがちですが、自分の実力で十分読めるものから始めればよいのです。

教材は、英語教材会社から各種出ていますので、お子さんと相談し、読みたい物語を選んで始めましょう。とにかく「読みたい」ものを読むことが大事。それこそが、英語を好きになる要因です。

Point

最初は自分の実力より難易度が低めの文章を選ぶ。「わかる」という実感が英語を「好き」にさせる

英語が苦手なら、わざと切羽詰まった状況を作って勉強時間を確保する

英語はある程度まとまった時間を使って勉強する必要があります。単語や熟語がいくらかわかっていないと、読むことも書くことも、聞くことも話すこともできません。また、**日本語と英語とでは主語、述語の並び方が違い、長文を読んで理解をするにも時間がかかります。**

実は私自身、学生時代、英語は不得意でした。勉強は好きな科目からやるので、英語は後回しになりがちでした。

しかし、渡米にあたって英語を深く学ばないと学生を教えることなどできません。そこで、日本で1年間にわたり、英会話学校に通いました。

「これを学ばないと、現地で仕事ができない」という切羽詰まった状況になれば、人は自然と勉強するものです。自分が現地で使える英語を身につけられるよう、一生懸命がんばりました。

また、その他にも、自分なりの「ご褒美」のようなものを設定すると、より勉強に身が入ります。

「単語を50個しっかり覚えたら、そのあと15分ゲームをやってもよい」

「次の定期テストで上位○番に入ったら、貯めていたお小遣いで好きなものを買う」

など、中学生くらいまでなら保護者と相談をしながら、本人のご褒美を設定してもよいのではないでしょうか。

きちんと達成できたら十分に褒めてやり、ご褒美を許可しましょう。

私の場合は、「今日、先生の質問に完璧に答えられたら、英会話のクラスの友人を誘って帰りにコーヒーを飲もう」などと設定し、予習と復習に励みました。

保護者が「○○点取ったらあれを買ってあげるから勉強しなさい」と言うより、自分で設定したほうがいい。自分への約束が守れるようになれば、人としてもグンと成長します。

Point

苦手な英語にやる気を出すよい方法はノルマを作り、達成できたら自分にご褒美

教わるだけでなく、「教える」。女子高生たちがスピーキングを上達させた方法

学習を定着させようと思ったら、先生の講義を座って聴くだけでなく、自分から発信することが大事です。

その方法として、すすめたいのが「教えること」。

たとえば、保護者の方が、「今日、英語の時間にどんなことを教えてもらったの？」と聞けば、数時間前の授業が想起され、その記憶をたぐりよせて、教わったことを復習し、そして発表する、という経路をたどります。これは、非常によい定着方法です。自分ひとりだけで定着させようと思うとなかなかできないですが、保護者に聞かれて説明するとなれば、おのずとその場で復習や定着ができるわけです。

少しぐらい説明がたどたどしくても、少し間違っていてもこまかいことは気にせず、「へえ、そうなんだ！　よく覚えて帰ってきたね」と褒めてあげてください。自信がつき、家で説明することを楽しむようになります。

間違っていること、覚えていないことがあれば、「それってこういうことではない？」とやんわりとただしたり、「ノートに書いてあるかな？」と促《うなが》して、ノートを開いて復習させることもできます。

「ぜんぜん違うじゃない！　いったい何を習ってきたのよ！」

などとは絶対に言わないでください。

むしろ、間違っていたこと、覚えていないことの定着を手伝ってあげられた、手伝わないよりいい結果になった、と喜んでください。

外国人に日本の文化を教えるとスピーキングが上達

この考えをもとにした学習として、北鎌倉女子学園では、外国人に地元の寺院について「教える」学習をしています。学校の周囲には、観光客が訪れる有名な寺院がたくさんあります。そこで、特に外国人観光客が多い円覚寺《えんがくじ》や鶴岡《つるがおか》八幡宮で、観光ガイドボランティアを行っているのです。

外国人に「教える」のですから、まずは自分たちで寺院のことを調べるのが大事。日本文化を深く学び、寺院のなりたちや今に至るまでの出来事なども調べます。そして、先輩や教員たちとスピーキングの練習をしてから、現地でガイドを実践します。

教わることが生徒の役目、教わることで知識が身につくと考えがちですが、知識が自分のものとして定着するのは、その知識を教えることやその知識に基づいて発信することです。英語を発声するとき気恥ずかしさや、気後《きおく》れが先に立つことがありますが、人に教える状況になるとどのようにして伝えようか、という意識が先に立つので、声を出すことが気楽にできるようになります。

実際に外国人と話すとなると、最初はかなり緊張するようです。思いがけない質問にドギマギすることもあるでしょう。しかし、それこそが、真のスピーキング。**戸惑いながらもスキルを上げ、〝相手に伝わる〟話し方を磨くことができます。**

北鎌倉女子学園には海外からの訪問もあり、フィンランドの合唱団や、アメリカの大学生の訪問の際には、日本文化を伝え、寺院に案内するなどの実践をしています。

この他、ネイティブスピーカーの教師による日本語禁止のアクティビティなどもあり、「英語だけで話す」状況を作り上げています。前項でお伝えした「切羽詰まって英語を話す」状況も作られるので、スピーキングの力がおのずとついてきます。

駅で見かけた外国人に積極的に道案内を

普段から、街で外国人を見かけたときなどに、英語で話しかける体験をさせるといいでしょう。交通機関の使い方がわからなくて、駅で困っている外国人をよく見かけます。そんなとき、声をかけて、行き方を教えてあげれば、喜ばれると思います。

道の教え方や、交通機関の乗り換え方には、ある程度の決まった言い方があるので、あらかじめ家で言い方を覚えて練習しておくと、あわてなくてすみます。

言い方がわからない部分は、身振り手振りでも通じるでしょうし、地図や交通路線図を指さして、カタコトでもなんとかなります。

そうして教えれば必ず感謝され、笑顔を返してくれる。そのことが英語を学ぶモチベーションになるでしょう。

また、うまく話せなかったことは、家に帰って調べ、次のガイドのときはもう少しスムーズに話せるようにと、復習することにもつながります。

お子さんの背中を、ちょっと押してあげましょう。

積極性さえ持てば、ぐんぐんスピーキングの力は伸びていきます。

Point

外国人と積極的に話すことが上達の秘訣。事前に話し方をシミュレーションすると自信がつく

英語民間試験へのチャレンジはぜひやっておきたい。2回目の成績がチャンス！

中学生になると、英検やGTEC（ベネッセコーポレーションが実施する英語4技能検定）などの英語の民間試験を受けることが多くなります。

さらに、これらの民間試験は、2020年度から導入される大学入学共通テスト（共通テスト）での活用が予定されていました。

ところが、この英語民間試験の活用は、見送られることになりました。

かねてから受験機会の不公平さを理由に延期を求める声が多く出ていましたが、萩《はぎ》生《う》田《だ》光一文部科学相の「身の丈」発言が格差を助長するとして批判が集まりました。

結局、今後1年かけて新たな制度を検討し、2024年度からの実施を目指すことになりました。その際に、英語民間試験を導入するかどうかも白紙に戻された、というのが現状です。

主な英語の資格・検定試験

試験名	種類	検定料（税込）
ケンブリッジ英語検定	8	9,720～25,380円
実用英語技能検定（英検）	5	5,800～16,500円
GTEC	4	6,700程度～9720円
IELTS	1	25,380円
TEAP	2	15,000円
TOEFL®	1	235米ドル

※2018年３月に発表された英語民間試験は７種類だが、19年７月にTOEIC®が参加取り下げを発表した。
※実用英語技能検定およびGTECの検定料は、今後、若干の変動があり得る。

独立行政法人大学入試センターの資料より作成

しかし、大学入学共通テストに利用するにしてもしないにしても、こうした英語民間試験は受けておくといいと、私は思っています。

高校受験や大学受験の推薦入試などにも、これらの成績を提出することが多く、自分の英語力がどの程度なのかを判断するにも、大いに活用できるからです。

級が上がったり、スコアが上がったりすれば、英語学習のモチベーションも上がります。

その際には、どれかひとつの

試験に絞って受けたほうがいい。同じ試験なら、一度受けたときの成績と次の成績を、自分の中で比べることができる。英検なら、そのランクをクリアしたら次のランクに向けて勉強する。武道の段位が上がるように、自分に対しての期待感が高まります。

私自身は、TOEFL®を受けたことがあります。何度か受けましたが、2回目が一番よかったです。短期間で3回、4回と受けても、あまり成績が上がりませんでした。他の人に聞いてみても、同じような結果でした。

受験料もかかるし、成績が下がるとがっかりするので、お子さんには、がんばりすぎずに効率よく受けさせてあげるといいでしょう。

Point

受けるなら同じ種類の試験を受け続ける。自分の成長度合いがわかったらそこで打ち切ってもいい

部活動に行事の実行委員、大いにやらせよう。忙しいときは「ながら勉強」がいい

中高生や中学受験をする小学生は毎日がとても忙しく、定期試験が迫っても、やるべき宿題があっても、手をつけられる時間が限られています。

特に、中高生は部活動に時間を取られることが多く、また、部活動の時間は彼らにとって、勉強よりも何より大事です。部活動の試合やコンクールがあれば、子どもは当然、そちらを優先しようとします。そんなとき、親はつい、

「定期試験がすぐあるでしょ！　勉強しなきゃダメよ！」

と言いたくなりますし、ともすると、

「朝練ばっかりしてたら成績が下がるわよ！　ときどきさぼって勉強しなさい！」

なんて言ってしまいます。しかし、これは思春期の子どもの反感を買うだけで、まったくいい結果になりません。第一、部活動をやめても、その時間勉強するとは限りません。

だから部活動も行事の実行委員も、大いにやったほうがいい。以前、校長を務めていた開成でも、今の北鎌倉女子学園でも、私は子どもたちにそう伝えています。

ただ、勉強をしなくていい、というわけではありません。**忙しいのはよくわかりますが、時間を上手に使い、勉強時間を確保してほしいのです。**

ハーバードの学生は、週に60時間くらいの勉強を強いられます。つまり、1日約10時間勉強するということです。

しかし、60時間机の前にすわっているわけではありません。ジョギングをしながらレポートの構想を練る。登校中にその日の発表のしかたを考える。時間を二重三重に使いながら、忙しい日々の中で勉強時間を確保しています。

私は英語を学ばなければならない時期には、よくお風呂の中で音読をしました。暗記も、バスタブにつかりながらずいぶんしました。もちろん、電車に乗っている時間も、ぼーっとしていないで勉強をしていました。

時間があるときは自分のやりたいことを深める

時間の使い方にメリハリをつけることも重要です。

2020年の春、新型コロナウイルスの感染拡大防止のため緊急事態宣言が発令され、子どもたちも保護者も、長期間「ステイ・ホーム」を強いられました。学校から宿題が出ていたとしても、子どもたちはいつもよりかなりのんびりと過ごしていたはずです。

この時期に、何か自分なりの勉強を始めたでしょうか？

日頃の疲れを休めてしっかり睡眠をとることも大事ですが、休校中で勉強も部活動も委員会もないのなら、**その時間の中で目標を立てて、時間の制約を受けずに思い切り何かに没頭することも体験させるとよいのです。**

それがゲームだっていい。「ここまでクリア」「そのためにはどんな戦略を立てるか」。攻略法を調べたり、自分の成功と失敗を分析しながら、自分のゲーム力を高めることもまた、ひとつの「達成」です。

お子さんには、そんな時間の使い方を促してください。

Point

ハーバードの学生は週60時間勉強が必要。だからジョギング中も効率よく勉強している

20年後、優秀な翻訳機があれば英語をしゃべらなくてもすむかもしれないけれど

我々は、一生懸命に英語を勉強して、和訳や英訳をしようとします。けれど、あと20年後にはそんな苦労は不要になるかもしれません。あるいは、通訳や翻訳といった職業もなくなってしまうかもしれない。

今、あらゆる種類の、性能のいい翻訳機が出てきています。スマホのような形をしているものの集音マイクに向かって日本語で話せば、瞬時に別の言語で翻訳される。あるいは、メガネの形をしていて、かけて読んだ文章が、瞬時に別の言語になるなど。スマートフォンのアプリとしても、翻訳や通訳の機能がすでにあります。

翻訳の文章がぎこちないとか、感情の部分がうまく翻訳されないなど、今の段階では翻訳家や通訳の人のほうの技術が上ですが、やがて精密になり、人の知識や技術を超えてくると予想されます。

そうなると、語学のために使う時間が、その人にとってどれだけ生産的な時間にな

るのか。想像もつかない世界がやってくる気がします。
お子さんにも、「翻訳機があれば、英語の勉強なんていらないんじゃないの？」と言われたことはありませんか？

自分の言いたいことを表現する力を養う

ただ、言語が「自己を表現する手段」なのだとしたら、他国の言語に直すのは機械に任せられても、表現することそのものは、機械がその表現を情報として受け取れるような、はっきりしたものでなくてはいけません。

私が英会話学校で英語を勉強したときに、目からうろこだったのは、自分の考えを英語で表現したときに、"Conclusion first!"と言われたことです。つまり、「回りくどいことは言わず、結論を言いなさい」ということ。

日本語は途中経過を一つひとつ埋めていって、ようやくゴールとしての結論に行き着く。けれど、アメリカ人は、まず、「私はこう思う」と結論を言うのです。

これは、文法も関係しています。日本語は主語のあと、あれこれの途中経過があって最後に述語ですが、英語の場合は、主語の次に結論としての述語がきます。この文法の違いが、考え方の違いにも影響しています。

日本人は「気配り」「根回し」を重視し、場の空気を読んで、みんなが納得するような、言ってみればあいまいな答えを探します。これは日本語が、主語がなくても成立することにも関係しています。つまり、物事を決定する際、個人が主義主張せずにみんなで同意するという文化です。

しかし、英語圏では、みんなが納得する共通の答えを探すなどということはしません。また、日本人は話しながら考えて結論を出すようなところがありますが、それではダメで、話す前に結論がわかっていて、その結論に対しての理由づけをつけ足すように話していく。その考え方の転換をしないと、「英語圏の人とのコミュニケーション」が、うまくいかないのです。

このことは、英語を上手に話すことの根本です。

英語をうまくしゃべりたければ、自分の考えを、堂々と述べること。相手が自分の考えと違っているかどうかなんて、気にせず話し出すことです。

Point

回りくどい言い方をせずに、結論から言う。それこそが英語を上手に話すコツ

第5章

うちの子は、国際的な人間になれますか？

だれと接するときもたじろがない。自己肯定感の高い子が、国際的な子ども

「今は世界中がつながっている社会だ。だから子どもたちにも国際的になってもらわないと」。多かれ少なかれ、保護者はそう思っているでしょう。では、「国際的」とはどういうことなのでしょうか。英語が話せることですか？　文部科学省では、「国際社会で求められる態度・能力」として次のことを挙げています。

「・国際化が一層進展している社会においては、国際関係や異文化を単に理解するだけでなく、自らが国際社会の一員としてどのように生きていくかという主体性を一層強く意識することが必要

・初等中等教育段階においては、すべての子どもたちが、

1．異文化や異なる文化をもつ人々を受容し、共生することのできる態度・能力

2．自らの国の伝統・文化に根ざした自己の確立

3．自らの考えや意見を自ら発信し、具体的に行動することのできる態度・能力を身に付けることができるようにすべき

・これらは、国際的に指導的立場に立つ人材に求められる態度・能力の基盤となるものであり、個の特性に応じて、リーダー的資質の伸長にも配慮した教育を

ものごとの規模が国家の枠組みを越え地球規模で拡大し、国際的相互依存関係の中で生きる現代人には、一人一人が、国際関係や異文化を単に理解するだけでなく、国際社会の一員としての責任を自覚し、どのように生きていくかという点を一層強く意識する必要がある。求められているのは、個人が相互理解に基づく多文化共生という視点をもち、国家の枠組みを超えた国際社会の一員として自己を確立し、発信を行い、主体的に行動できる人材である。」（文部科学省ホームページより）

単に英語ができる、外国で暮らせるだけでなく、**それぞれの国の文化を超えて相互理解をし、共に生きていく、そのためには自己の確立と発信力が必要です。**つまり、より積極的に世界の人たちと関わり、自分の個性を作り上げて堂々と意見が言える子どもを育てるべきなのです。

さまざまな国の人と対等に付き合えることが重要

特に、資源を持たない日本は、貿易に頼らねばならない国です。今後、日本を担っていく若者は、さまざまな国の人と付き合うことが不可欠で、そのときにたじろぐことなく平常心で接する必要があります。

そういう人こそが「国際的な人間」と言えるのです。

保護者の方々は、国際化のために「コツコツと英語を勉強すること」を望みますが、それだけでは国際的な人間にはなり得ないのです。むしろ身につけた英語を使って、いろいろな国の人と話し合い、助け合い、新しい世界を切り開くといった積極性が必要であり、その礎《いしずえ》として、自信や自己肯定感が必要なのです。

しかし、現実にはどうでしょうか。私はいつも、内閣府の「子供・若者白書」の結果を見て憂慮しています。

第1章で触れたように最新の令和元年度版を見ると、日本の若者で、自分自身のイメージの中で、「自分自身に満足している」と「自分には長所があると感じている」に「そう思う」または「どちらかといえばそう思う」と回答した者の割合は、それぞれ45・1%と62・2%ですが、この割合はいずれも同様の回答をした諸外国の若者の割合と比べて低いのです。

自分自身のイメージ

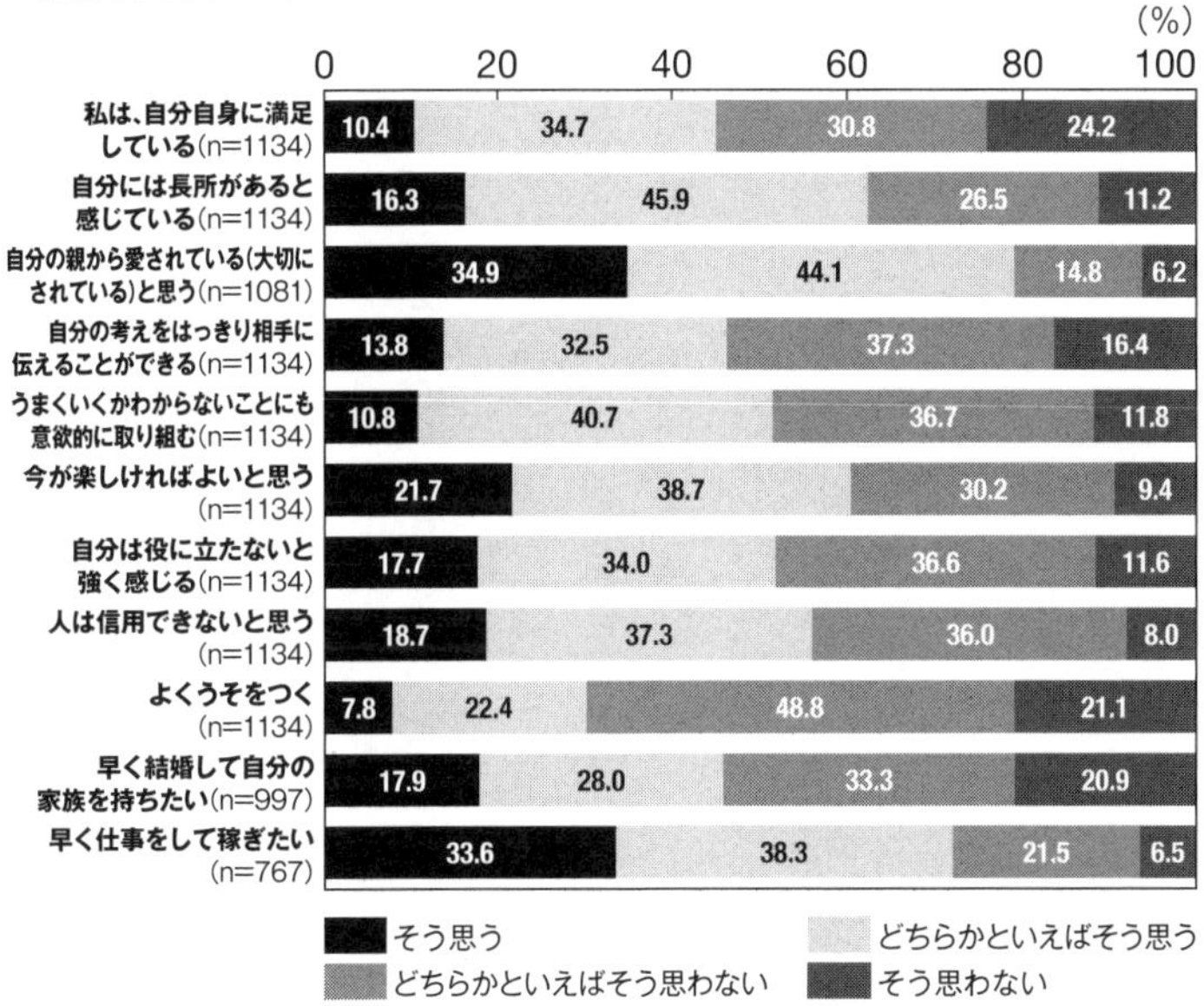

令和元年版「子供・若者白書」(内閣府)より

「自分自身に満足している」だけを見てみると、日本人は10.4％、アメリカは57・9％と、かなり大きな差があります。

　また、日本の若者で、「自分には長所があると感じている」に「そう思う」または「どちらかといえばそう思う」と回答した者の割合は、2013年度の調査時よりも6・6ポイント下がっています。

　日本の若者は、諸外国の若者と比べて、自分自身に満足していたり、自分に長所があると感じていたりする者の割合が低く、また、自分に長所があると感じている者の割合は以前に比べ低下傾向。自信がない、と言っているようなものです。

文部科学省が求める「国家の枠組みを超えた国際社会の一員として自己を確立し、発信を行い、主体的に行動できる人材」というイメージとはほど遠いのです。

つい子どもをけなすくせをなくそう！

では、どうしたら自己肯定感を得ることができるでしょうか。実はここに、保護者の力がかかっていると言えるのです。

日本人は謙遜の気持ちが強く、いつも「いえいえ、うちの子、たいしたことがないんです」「他にすごい方はたくさんいます」などと他人に言います。本人に対しても、「もう、まったく勉強しないんだから。そんなんじゃ、ろくな人間にならないわよ」と、パワハラとも言えるような言葉を浴びせます。これでは自己肯定感など育ちません。子どもが少しでもがんばってやったことには何でも、

「前よりも上手にできたね！」と褒めてあげましょう。

たいしたことがなかったり、今ひとつだったりしても「一歩前進だね！」と、その努力を認めます。その上で、気になる部分があれば、

「ここのところ、こういうのはどうかな?」や「もっとよくなるかもしれないから」という視点で意見を言いましょう。そして、成長したら、

「すごい、この前よりずっとうまくできているね!」と褒めるのです。

日本人は我が子を褒めるのが苦手ですが、褒められていやな気分になる子はいません。大人でも褒められるのが嫌いな人はいません。功成《こうな》り名《な》遂《と》げた人でも喜んで勲章を受け取ることがその証拠です。思春期で、親にどれだけひどい悪態をついても、一番褒められたい相手は、やはり親なのです。大いに褒めましょう。

ただし、本人に「そんなのただのお世辞だ」と思わせては元も子もありません。

子どもは、大人がおざなりにしか自分を見ていないのではないかと、疑うようなところがあります。だからこそ、**きちんと子どものやっていることを見て、いいところを具体的に褒めてあげてください。**

「ちゃんと見ていてくれる」ということもまた、子どもに勇気を与え、積極的に前に出ていく原動力になります。

Point

子どもを褒めることが自己肯定感アップにつながる。ただし、よく子どもを見て具体的に褒めること

自分の仕事に責任を持つ、助けてほしいときはきちんと「ヘルプ・ミー」を言う

日本人は、自らが決断することを避ける傾向があり、

「どちらでもいいです」

「みなさんのおっしゃるほうで」

などという言葉をよく使います。また、

「そこは察してください」

などと言うことも。

しかし、国際的な人間になるのなら、さまざまな言語の、さまざまな文化の人たちと付き合うわけですから、日本人的な文化をわかった上で「察してくれ」などと言っても通用しません。

自分はどう考え、どういう行動を取るのか。それを文化や母国語の違う人にもはっきりと言えることが重要です。

また、アメリカでは18歳を過ぎたら大人として扱われます。子ども時代は、大人たちが「こうしなさい」「それは危ないからやめたほうがいい」と進言しますが、もう大人だと認めるとピタリと言わなくなります。それは、「大人としてその人が考えていることを尊重する」からです。

いちいち先回りして、「危ないからこうしておいた」などとすることはないし、そんなふるまいは「相手の尊厳を傷つける」としてタブー視されます。

かつて、アメリカで活躍していた日本人の大学教授が、自分の下で働く研究員の女性が妊娠したので、「無理しなくていいよ、休んでいいからね」と声をかけました。すると、その女性は大いに憤慨し、大学に訴えた事例もあります。

日本人の感覚だと、「なぜ？ 親切に言ってあげたのに」となりますが、これは妊娠を理由に仕事上の差別をしたととらえられます。

その研究員の女性は大人なので、自分が妊娠して体調が悪いときは、自分で判断し、教授に相談する。休むか休まないかは自分で判断するのに、「無理しなくていいよ、休んでいいからね」は、本人の意向を無視した発言で、解雇を念頭に置いているようにも理解できる、と。

国が違えば、好意も悪意に取られるのです。この教授は文化や個人の考えの違いに直面したことになります。

また、日本人はよく、

「○○させていただきます」

と言いますが、この言い方は、アメリカにはあまりありません。これは、「やってもいいですか?」と相手に伺いを立てているかに見えて、そうではない。

「私に○○をやらせてください。よろしいですか? いやとは言わせません。みなさん、返事がないからいいということですよね?」

と言っているのと同じです。やりたいことはやる、でも「OKした」責任はみんなに押しつけているのです。

親は先回りして子どもの行動を決定してはいけない

ひるがえって、これらのエピソードと、文部科学省の示す国際的な教育を受けた人材のイメージ、

「国家の枠組みを超えた国際社会の一員として自己を確立し、発信を行い、主体的に行動できる人材」とは方向がずいぶん違います。

「それぞれの文化を超えて理解できる言葉で話すこと」「自分の意思をしっかりと相

手に伝え、相手の意思を勝手に推測して先回りしないこと」を大切にしないといけません。

特に、保護者の方は、お子さんの意思を無視して、心配だからと先回りして準備をしてしまうことはないでしょうか？

小さいときはそれでもよい場合がありますが、18歳になっても続けるのはやめましょう。

それより、**子どもたちには、「自分でやるべきことは自分で責任を持つ」ことを教えるべきなのです。**

家族のルールとして「やる」と決めたことは最後までやらせる。できないときはできない理由を言わせ、家族で相談する。つまり、責任とは「できないときはきちんと『ヘルプ・ミー』と言うこと」も含まれます。

英語を学ぶより何より、こうしたマインドを身につけさせましょう。

Point

18歳を過ぎたら、子どもを大人扱いする。自分の力で歩む姿を見守り、困ったときだけ助ける

「国際」と名がつく学校は多数ある。学校の特色は千差万別。興味があれば見学を

最近では、「国際」と名前がつく中学校や高校が多くなりました。高校では、私立だけでなく、都立、県立などの公立にも多くなっていることに目を見張ります。

どんなふうに「国際的」なのかは、学校によって違います。授業の多くを英語で行う学校もありますし、帰国子女や留学してきた外国人生徒を多数受け入れる学校もあります。

東京学芸大学附属大泉中学校は、現在東京学芸大学附属国際中等教育学校と名称を変えていますが（2007年より）、ここでは、生徒全体の約40％が帰国生徒または外国籍の生徒なのだそうです。

また、英語だけでなく、他の言語を学ぶ学校もあります。

たとえば、東京都目黒区にある都立国際高校には、国籍も経歴もさまざまな生徒が

入学してきます。英語圏以外の外国人の先生から、ドイツ語、フランス語、スペイン語、中国語、朝鮮語の各語が学べるそうです。

また、国際人であるには、「日本の文化にも精通していなければならない」と考えて、日本の文化を身につけ、世界に発信できるような授業を設けている学校も多いようです。伝統芸能、伝統武術を学ぶなど、一般の高校では説明を受けるだけの文化を、実際に身体を動かして学べる授業を設けています。まるでアメリカのジュニアハイスクール、ハイスクールの授業のような形式で学べる学校もあります。

学校のホームページを見るだけではなかなかわからないので、学校説明会や見学に行ってみるといいでしょう。

実際に学校を訪れてみる他に、新型コロナウイルス感染拡大以来、オンライン学校説明会が増えています。動画で学校の方針や授業内容を発信しているところもありますから、家にいながら、お子さんと一緒に気軽にさまざまな「学校見学」をすることも可能です。

Point

オンライン学校説明会や動画での説明を活用すれば子どもと自宅にいながらたくさんの学校を見学できる

インターナショナルスクールに入学すれば国際的な人間になれる、は間違い

インターナショナルスクールといえば、昔は日本に住む外国人の子どもたちが通う学校、というイメージでした。しかし、芸能人の子どもたちなどが通っているという情報が流れるようになり、日本で生まれ育った子も通えることがわかると、「英語で授業が受けられ、友達ともコミュニケーションできる」「国際的に育つ」ということで、入学を考える保護者も増えたようです。

こうした面を考えるとメリットは大きいですが、卒業資格や進学について知っておく必要があります。文部科学省も、注意点を示しています。

「いわゆるインターナショナルスクールについては、法令上特段の規定はありませんが、一般的には主に英語により授業が行われ、外国人児童生徒を対象とする教育施設であると捉えられています。インターナショナルスクールの中には、学校教育法第1

条に規定する学校（以下「一条校」といいます。）として認められたものがありますが、多くは学校教育法第１３４条に規定する各種学校として認められているか、又は無認可のものも少なからず存在しているようです。

一方、学校教育法第17条第1項、第2項には、学齢児童生徒の保護者にかかる就学義務について規定されています。そこでは保護者は子を『小学校、義務教育学校の前期課程又は特別支援学校の小学部』、『中学校、義務教育学校の後期課程、中等教育学校の前期課程又は特別支援学校の中学部』に就学させると規定されています。よって、保護者が日本国籍を有する子を一条校として認められていないインターナショナルスクールに就学させたとしても、法律で規定された就学義務を履行したことにはなりません。（中略）

例えば一条校でないインターナショナルスクールの小学部を終えた者が中学校から一条校への入学を希望してきても認められないこととなります。インターナショナルスクールの中学部の途中で我が国の中学校へ編入学を希望する場合も同様です。」

（文部科学省ホームページより）

中学校から高校、高校から大学への進学も同様で、日本の学校の卒業資格がないの

で、入学もできないことになります。大学に関しては、大検を受けることが望まれる場合が多いですが、146ページに挙げる国際バカロレア認定校をはじめ、文部科学省に認められている学校では、学習指導要領に沿った学習内容を実施する中で、日本の学校の卒業資格と同様であると認めるところもわずかながらあります。

インターナショナルスクールの中にも、こうした学校がまったくないわけではありません。

日本の大学に進学するという可能性があるなら、進学の条件などについては、必ず確かめるようにしましょう。

学費を払いきれなくなると子どもの将来に支障が

卒業資格に加えてもうひとつ、インターナショナルスクールに入学するなら覚悟しなければいけないことがあります。それは学費の高さです。

各種学校として登録されている学校に関しては、年間の学費が200万〜250万円というところがザラにあります。それを毎年重ねれば大変な額になります。

「各種学校」だと、さまざまな補助金がほとんど受けられないので、どうしても学費が高くなるのです。ですから、インターナショナルスクールの入学試験の面接では、入学希望者の英語力などに加え、保護者に学費の支払い能力があるかどうかも確かめられるようです。

とはいえ、今のようなご時世で、保護者の方の仕事が立ちゆかなくなり、生活面で苦しくなる場合もあるでしょう。そのようなときは義務教育期間については、市町村教育委員会に対して、文部科学省が「経済的な事情、居住地の変更等のやむを得ない事情により学齢児童生徒が実際的に未就学となるような状況が生じないようご留意ください」という意向を表しています。

やむを得ない事情があり、学費が支払えなくなった場合、地域の公立の学校に転入することを示しているのです。

それにしても、できるだけ一度入った学校は卒業させてあげたいもの。

インターナショナルスクールに子どもを入学させたいと思うのであれば、学校の組織について調べ、また学費の計画などもした上で、将来を見据えて落ち着いて決断することをすすめます。

Point

学費は年間200~250万円相当のところが多い。海外大学への進学も含めて資金計画を

「国際バカロレア」認定の中学・高校に通い、海外の大学に入学する道もある

文部科学省が力を入れている国際的な教育の中に、「国際バカロレアの普及・拡大」があります。

国際バカロレア（ＩＢ：International Baccalaureate）とは国際バカロレア機構（本部ジュネーブ）が提供する国際的な教育プログラムです。文部科学省ＩＢ教育推進コンソーシアムによれば、

「世界の複雑さを理解して、そのことに対処できる生徒を育成し、生徒に対し、未来へ責任ある行動をとるための態度とスキルを身に付けさせるとともに、国際的に通用する大学入学資格（国際バカロレア資格）を与え、大学進学へのルートを確保することを目的として設置されました。」

発端は、世界中を転勤する家庭の子どもたちの学びや進学のために考えられたことです。ＩＢの教育プログラムを採用しているＩＢの認定校で必要な教育を受ければ、

世界中の大学に進学できる、というものです。

また、**教育のありかた自体も、世界中どこででも生きていけるような力をつけるプログラムになっています。**

まさに、「国際的な人間」を育てるための教育です。

平成30年4月1日現在、世界140以上の国・地域、5119校において実施されています。日本ではインターナショナルスクールで採用されているところが目立ち、日本の高校卒業資格がとれる一条校では、まだ認定校はわずかです。

また、16～19歳ではIBCP（国際バカロレアキャリア関連プログラム）を日本人で受けるとなると非常に大変です。多くはディプロマのプログラムを採用しています。

日本の中学・高校で、日本語によるプログラムを受けられる

ディプロマの授業は、日本の一条校の高校では「原則として英語、フランス語又はスペイン語で実施」とあるものの、日本の一条校の高校では、日本語で受けられるところもあります。

一般の科目で勉強する部門とIBの部門が、同じ学校の中にある、という学校も多いです。

ただ、実際にＩＢのプログラムで勉強した生徒の話では、「日本の普通の学校よりもはるかに授業準備に時間がかかり、授業後の復習も大変」とのこと。

また、授業内容も、文部科学省が新学習指導要領に掲げる「主体的・対話的な深い学び」を実現するものですが、手法としては、後述するアメリカの教育に近い形です。

日本の学習は、教師が教壇から説明する形が多く、受け身で聴いているだけで許されるともいえますが、自分で課題を立てて論述し、それを討論で批判されるなど、これまで日本人がなかなか体験できなかったスタイルの授業を受けるので、子どもたちは戸惑うだけでなく、「心が折れる」とまで言うことがあります。

特に、日本で生まれ育ち、海外での教育経験のない子どもは、衝撃を受けるかもしれません。

しかし、子どもは柔軟です。

「覚える学習より深く考える学習だ」「いろんなクラスメイトの意見が聞けて面白い！」とハマれば、それこそ世界にはばたく土壌ができた、といえるでしょう。

とにかく勉強量は多い。日本の大学の入学には不利？

国際バカロレアの３つの教育課程

PYP	**【初等教育課程】**（3～12歳） 精神と身体の両方を発達させることを重視したプログラム。 《小学校で学ぶ内容に相当》
MYP	**【中等教育課程】**（11～16歳） 青少年に、これまでの学習と社会のつながりを学ばせるプログラム。 《中学校で学ぶ内容に相当》
DP	**【ディプロマ課程】**（16～19歳） 所定のカリキュラムを２年間履修し、最終試験を経て所定の成績を収めると、国際的に認められる大学入学資格（国際バカロレア資格）が取得可能。 《高校で学ぶ内容に相当》

文部科学省IB教育推進コンソーシアムより作成

「国際バカロレアの資格を得られれば、世界の大学に入学できる」となれば、保護者も子どもたちも興味深いでしょう。

日本の受験戦争は非常に過酷で、高校３年生の１年間は受験勉強に費やされるといっても過言ではありません。

また「将来、海外の大学に入学したい」となると、日本の一般的な高校からそのまま入学するのは非常に大変で、高校を卒業してから語学学校に通う、それでも大学の勉強やライフスタイルについていけない、ということが起こりがちです。

しかし、ＩＢの認定校なら、高校自体が海外の学校のスタイルと似ていますし、外国語の授業も多いので、外国語力や海外の大学での勉強の仕方への対応力は非常に高くなった状態で大学に入学できます。

海外の大学に行く、と決めているなら、ＩＢの認定校に入学するのはかなり有効といえます。

ただ、この資格を取得するのにも試験があり、そのスコア次第で、行ける大学が決まるという側面もあります。高校在学中はとにかく学習に時間を費やし、試験のためにがんばる……、もしかしたら日本の大学を受験するより厳しいかもしれません。

さらに「やはり日本の大学に入学しよう」となったときには、科目のとりかたも学習スタイルも違うので、日本の受験システムになじむのが難しいという話はよく聞きます。

ＡＯ推薦や自己推薦をねらうのが有利と言われますが、３年間、ＩＢで学ぶと、逆に日本の大学のスタイルに物足りなさを感じるかもしれません。

このようなことを視野に入れて、ＩＢ認定校についてはよく考えてみましょう。

Point

日本の大学受験の一般入試に添っていない学習内容。学校によっても組織に違いがあるのでよく調べて

高校での留学は「海外での体験」レベルでよい。その体験が将来に結びつく

我が子に国際的になってほしいと思ったときに、「留学」を考えることもあるでしょう。**海外の学校で学ぶことで、語学力を磨き、現地の生活や文化を実体験することは、まさに国際性を高めるのに最適と思えます。**

高校での留学は、大学での留学よりも未熟な分だけ吸収できるものも多く、現地で得てくるものは大きいようです。

高校留学で自己を見つけられることも

1年間を通じて現地の学校で学ぶ高校留学は、一時期は増えていたものの、ここ最近はそれほど多くありません。

日本の4月入学と、多くの海外の9月入学の違いがあり、9月に入学し、次の年の

6月に戻ってくるとなると、授業日数の関係などで、留学時と同じ学年に戻らざるを得ないこと（つまり、1年留年する形になる）が多かったのも、その要因だったかもしれません。

しかし、最近では海外の高校での学びを日本での学習の単位数に置き換え、次の学年に進級できる高校も増えています。

交換留学であれば費用は抑えられますが、私費留学の場合は短期の2週間程度でも20万円、1年間では200万円程度の費用がかかるのが大きな懸案材料ですが、政府としては、将来の若者のグローバル化のためにも高校留学を増やしたい意向で、積極的な後押しをしています。

奨学金もさまざまな種類が用意され、利子がほとんどない貸与型のもの、留学費用の一部ですが、返却のいらない給付型もあります。

文部科学省と民間団体がいっしょになって支援するものもあれば、外国政府や自治体が支給するものもあり、信頼性の高い奨学金を選んで利用するのもよいでしょう。

開成でも、1年間の留学をする学生が一定数います。高校2年生で行く子が多いですが、中高6年間通う子では、高校1年生から行く子もいます。彼らの多くは、海外の大学の入学を希望しています。

高校留学の意義は、「自己発見」だと私は思っています。海外での高校生活は、日本とはかなり違います。その違う世界を見ると、自分探しの選択肢が広がるのが非常にいい。

アメリカの高校のトップ校は競争が激しい。その中で、気後れせずに自分の立ち位置を構築できるかできないか。陣地取りのような生活を心地よいと感じるか不快と感じるか。その自分を1年間かけて知ることに価値があるのです。

行ってみて「あんなのはいやだ」と思えば海外での大学進学もやめればいいし、ああいう競争が面白いと思うのなら、そのまま海外に居続けてもいい。子どもの感じ方を優先して、よい体験ができるよう、保護者はサポートしてあげてほしいですね。

女子の場合は、高校生の時期に、長期間親元から離れて海外に送ることが心配かもしれません。日本ほど安全な国はめったにないので、念入りに学校やステイ先を調べ、できるだけ不安の少ないところを選ぶべきでしょう。

しかし、どれだけ調べてよりよいところを探しても、100％安全なところはなかなかありません。

アクシデントに遭《あ》いそうになったら、どうするのか、危険回避の知恵などを授けた上で、本人がやりたいと思うことをやらせてあげてはいかがでしょうか。

留学とは、日々さまざまな異文化に出合える行為

さて、留学による国際化は、何をもたらすでしょうか。

私は、日々いろいろな異文化を感じることが国際化だと思っています。海外に出ていって、一つひとつ新しい経験をし、驚いたり、刺激を受けたりできる留学は、頭のやわらかい高校生を大いに成長させると思います。

日本で暮らし、新卒で日本の大企業に入ってしまうと、それが自分の常識になり、その常識を大事にしようとするあまり、自分では一歩も歩けなくなってしまいます。

しかし、**留学で新しい世界に飛び込んだ経験があれば、もっと広い視野で自分の立ち位置を決めることができる。**留学は親から子に成長のチャンスをプレゼントするようなものなのです。本人が望めば、ぜひ海外に出してあげてほしいです。

Point

日々さまざまなことに出合い成長できるのが留学。安全性を吟味した上で思い切って世界に羽ばたかせよう

日本の教育は知識詰め込み型。アメリカでは小学生から論文を書いている！

アメリカの教育と日本の教育は大きく違います。実際に子どもをアメリカの小学校、中学校、高校に入れてみて、その違いには本当に驚きました。

日本では、小学校から高校を通じて、各分野の知識を存分に身につけます。その知識量はおそらく世界一だろうと思います。

一方、**アメリカは教科書があり、知識を学ぶ分野はあるものの、こうしたハードスキルの部分よりも「論理の構成」の学習に重きを置いています。**

小学校高学年になると、自分でひとつのテーマを掘り下げ、レポートを書く「プロジェクト」と呼ばれる学習があります。テーマが決まると図書館などへ行き、参考になる本を探します。その本を先生に見せて、ふさわしいかどうかチェックしてもらい、ＯＫをもらうと作業開始です。論理構成のアドバイスをもらうわけです。

テーマを深めるためには、もちろんインターネットなどの情報も使います。

生徒はそれらの情報の要点をカードに1項目ずつ書いていきます。次にカードを関連するグループに分類します。そして、各グループにタイトルをつける。

このタイトルをつけることをヘディングといいます。このヘディングの集まりが、自分のレポートの目次になるのです。

このようにカードを整理してレポートの章立てを考えたら、先生からアドバイスをもらいます。

個別の知識（カード作り）を分類（グループ分け）し、抽象化（ヘディング）し、統合（目次の作成）する。

この目次作りから自分のレポートの完成までをひとりでこなすのです。

つまり、日本の大学生が論文を書くように、アメリカの小学生はレポートを書くのです。これを大学までずっとやり続けるのが、アメリカの教育の大きな特徴です。

実は、この目次作りのやりかたは、私が東京大学で大学院生の指導をしていたときに、同じように学生にやらせていました。

目次作りをしっかりやることで、論理がきちんと構成され、よりよい論文になるのだと伝えていました。

レポート作りの途中、またレポートが完成して発表してからも、クラスではそのレポートについて、討論をすることが多いです。クラスメイトから鋭い質問をされたり、論理の甘さを指摘されて批判されたり、非常に厳しい。日本なら、大学生でも社会人になっても、これほど周囲の人たちに自分の論理をコテンパンにされることはないでしょう。

アメリカでは討論すること自体も教育です。

大人になって社会に出れば、自分の課題を見つけ、論理的に分析し、結論に向かって努力して結果を出すということは日常ですし、それが仕事の成果に結びつきます。そして、成果を出すまで、そして出してからも、周囲から批判を浴びたり、ダメ出しをされたりします。

アメリカでは子どもの頃から、こうしたまさにストレートに「社会に役立つ教育」が施されているのです。世界に通用するスーパービジネスパーソンが育つのも、理解できます。

アメリカでは日本が高校で学ぶ知識を大学で学ぶことも

しかし、このようなアメリカの教育にも欠点はあります。論理構成の教育は、時間がかかります。その分、日本の教育が力を入れている「各分野の知識」の学習に手が回りません。したがって、アメリカ人は高校を卒業する時点での知識は少なく、その分を大学生になってから力バーすることになります。

論文も書き、知識を入れるための勉強もするため、アメリカの大学生は非常に勉強に忙しい。日本の大学生のように、バイトや合コンに費やす時間はそうそうありません。

そう考えると、大学に行かず高校を卒業して社会に出る若者は、一般的な知識が乏しいままで、それが貧困やトラブルに結びつきやすいということになります。

優秀な子どもにとってはアメリカの学習は適していますが、学習が苦手な子どもをすくい上げることは難しいと思います。

日本の教育は必要な知識が平均的に身につく

一方、**日本では高校生までの教育により、社会に出て必要な知識は身につきます。**

日本の授業のスタイルは、多くは先生が知識の内容を講義として一方的に話すスタイルですから、効率よくたくさんの知識を学生に授けることができるのです。

ただし、一方通行なので知識を実感に結びつけ、社会で役立てる力は弱いといえます。知識の底上げはできていますが、その知識の活用が乏しいこと、そして論理構成が得意なタイプの子どもは実力発揮の場がなく、落ちこぼれの反対「吹きこぼれ」になりやすいのです。

さて、もう一度文部科学省が掲げる「国際的な人間」を思い出してみましょう。

「国家の枠組みを超えた国際社会の一員として自己を確立し、発信を行い、主体的に行動できる人材」

こうした人間を作る教育としては、現時点では、アメリカの教育のほうが適していると思わざるを得ません。

だからこそ、新学習指導要領では、将来の子どもたちの国際的な活躍を見据えた新しい教育を提示しているのです。

Point

「国際人」を育てるには、もう一歩踏み込んだ教育が必要。日本でもアメリカ的な教育方法を取り入れていく

海外から日本の学校に転校する帰国子女。カッコよく見えても実は悩んでいる……

このように、アメリカと日本の教育は非常に違い、その教育をベースに育つ子どもの考え方やコミュニケーションの取り方にも、違いが現れます。他の国と日本とを比べても、それぞれにやはり違うでしょう。

そうなると海外で教育を受け、日本に戻ってきた帰国子女は、日本の学校になじむのが非常に大変だということがわかるでしょう。

単に話す言語が違うだけではないのです。

たとえば、**移民の多いアメリカにいれば「それぞれが異なる価値観を持っていることは当たり前」と思うベースがあります。**だからこそ、論理構成をしっかりとし、どんな文化のバックボーンを持っている人にも伝わる表現を学ぶわけです。したがって、子どもたちも「みんな同じでなくてはならない」という暗黙の同調圧力をかけるようなことはしません。

残念ながら人種差別を感じる場面はありますが、「みんな同じがいい」という考えはないのです。

ところが、日本に帰ってくると、それぞれはおとなしそうに見えても、異分子について敏感です。言葉に出さなくても、「みんなと同じがラク」「個性的な自分を見せると嫌われる」という思いがあり、自由に発言する帰国子女を個性的すぎると感じ、仲間に入れない現象も起こります。

「個性的が当たり前」が通用せず文化の違いにも苦しむ

帰国子女は、それでなくても海外で当たり前に思っていた生活習慣や文化の違う国、日本に戻り、戸惑っています。その上、個性を殺してクラスに同調することを求められては、自分らしさを発揮できる機会がありません。

顔立ちがまったく違う外国人なら、日本の子どもたちも「あの子は自分たちとまったく違う」と思うので、同調圧力をかけません。しかし、帰国子女は自分たちと同じ顔立ちで、国籍も日本。ならば「私たちと同じ考えであってもいいはず」と思い、同調圧力をかけてきます。本人たちにはいじめの意識はありませんが、受け止めるほうはいじめられたと感じることもあるでしょう。

むしろ、正面切っていじめられないので反論することもできず、よけいにつらい。帰国子女は戸惑い、苦しみ、不登校になるケースも少なくありません。

「国際的な人間を育てる教育」であれば、まず、この点を解消しなければならないと、私は思います。

帰国子女は、日本に生まれ、保護者が海外に赴任になった後で日本に戻ってくるか、あるいはもともと海外で生まれ育ち、保護者の仕事の都合で日本に帰ってきたというケースがほとんどです。いずれにせよ、将来、日本の国際化を担うべき貴重な子どもたちです。

その子どもたちが、日本に帰ってきて失望するのは、日本にとっても大きな損失です。

まずは、帰国した子どもたちの精神的な苦痛を取り除き、楽しく日本で暮らせるように、周囲、特に教員の意識を整えることこそが、国際化の第一歩だと私は考えています。

Point

帰国子女が日本でのびのびと力を発揮できる環境を整えることこそが、国際化の第一歩

日本でできる「国際化」「グローバル化」。それは外国人と接すること

文部科学省は、グローバル化を目指し、高校留学や国際バカロレアを採用する学校への入学を推進しています。

けれど、お金もかかり、英語力も必要。だれでもすぐに実現できるというわけではありません。もっと身近なところで「国際化」を実現したい、と思うのは当然です。

そこで私は、日本で外国の人たちと接することをすすめています。

北鎌倉女子学園の生徒たちが、鎌倉の寺院を訪ねる外国人に、英語でガイドをするのもひとつの「国際化」です。オンラインで海外の人と話すのも、同様でしょう。

でも、もっと日常生活の中で長い時間、外国の人と接すると、その人の母国の文化や歴史が非常によくわかる。単に英語を使って1時間、2時間話し合う中では感じ取れない文化の深さを知ることもできます。

開成には、日本国籍ではない学生が5%くらいいるでしょうか。中国、韓国をはじめ、アジアの学生が多い傾向です。開成は受験に帰国子女枠がないので、彼らは日本の学生と同じ試験を日本語で受けて合格した優秀な生徒たちです。

彼らの存在は、学生たちをさまざまな意味でグローバル化してくれています。日本は部活動が盛んですが、韓国でも中国でもほとんど部活動を楽しむ時間がないという事実に驚いたり、また彼らの勉強量にたじろいだり。自分たちの常識と「違う」ことを見せてくれるので価値観が広がります。その上で交流することの意味や価値も、考えさせてくれる存在です。

クラスの中に外国人がいることは、子どもたちによい影響を与えます。「外国人」というと、欧米人を想像しますが、こうしてアジアの優秀な生徒と交わることで、自分たちの無意識の価値観を修正したり、立ち位置を考え直すこともできます。

日本各地には外国人がたくさん住む街があり、公立の学校では、先生方が苦労しながら混合教育をしているのだと思いますが、そのような街に住んでいるのなら、ぜひ、外国人の子どもたちとよい交流体験をしてほしいと思います。

留学生のホストファミリーになり家族全員が刺激を受ける

こうした機会に恵まれない場合でも、自ら外国の学生と接する機会を作ることができます。

たとえば、自宅に留学生を受け入れるのもそのひとつです。

留学生の受け入れをするホストファミリーを募集している団体はたくさんあります。お子さんが通う学校でも交換留学生を受け入れている場合もあるでしょう。そんなときはホストファミリーとして手を挙げてみてください。

部屋をひとつ提供するなど、住まいの条件がある場合は多いですが、家に外国人が同居することで、子どもたちは大きく変わります。

自分たちが当たり前だと思っていた常識が、他の国の人には通用しない。たとえば、中国の人は生野菜をあまり食べないとか、中東の人はお祈りの時間を必ず確保するとか、そういうことひとつとっても、**自分たちの価値観だけが正しいわけではないことを痛感するでしょう。**

できれば1週間、2週間と受け入れられるといいですが、1日だけでも受け入れてみると、家族じゅうがいい刺激を受けます。

私は、このような交換留学生の家庭での受け入れを企画したいとずっと考えていました。同じクラスの子を受け入れるのは、受験や部活が忙しい高校生だと大変かもしれないので、高校を卒業し、大学生となったOBの家で預かってもらうシステムが作れないかと。

子どもが大学生になると保護者のみなさんも時間に余裕ができます。留学生のほうも、先輩がいる家庭ならいろいろ教えてもらえる。

学校では同年齢の仲間と交流し、家庭では先輩と交流できるのは、留学生にとってても大きなメリットですし、日本文化をよく理解した上で、自国に日本についての好印象を持って帰ってくれる。

いつかこのシステムで、子どもたちに本当の意味での「国際化」を実現してほしいと思っています。

Point

外国の生活習慣や食べ物の違いを知るだけでも自分の「常識」が覆る。これこそが「国際化」

世界中の大学生に自分の将来や進路を相談できる学びの場

高校生になると、将来を考え始めます。


「大学で何を学べばいいか」

「大学でやりたいことは何か」

「海外留学をしてみたいけれど、どうすればいいかわからない」

「自分の将来や進路を相談できる人がいない」

そんな思いを、世界各国の大学生と語り合えるのが、ＨＬＡＢです。

身近で境遇の似ている大学生と語り合うことで、家族と話すのとは違う見解が得られ、世界が広がります。

この構想を高校卒業後、ハーバード大学の学部に進学した桐朋高校卒業生、東大に進学した開成の卒業生など数人で話し合い、HLABという形で実現しました。全国の高校生を対象に、東京都にある修学旅行用の宿を借り、夏に約1週間のサマースクールを開きます。今では、東京の他全国4カ所で毎年開催しています。

修学旅行は夏には行われないので、宿があいている。その空間を利用してスクールを開くという発想も面白い。彼らは実行力があり、ビッグなスポンサーも自分たちで開拓してきました。

文字通りお金を出してくれるスポンサーの他、人脈のある人生の大先輩にも加わってもらい、そして私のところにも相談に来た、というわけです。

HLABは今後、サマースクールに加えて、東京・下北沢に教育寮「レジデンシャル・カレッジ」を開校します。ここはサマースクール同様、全寮制のリベラル・アーツ&サイエンス教育をモデルとし、多様な大学生や高校生が、国境や地域、世代を超えて集い、寝食を共に学び合う。この体験はかけがえのないものだと、私も思っています。

意義ある事業を展開する開成OBを誇らしく思います。

世界を舞台に生きるには、日本語の表現力。保護者は子どもの言葉を引き出す役割を

第4章では英語のスピーキングに関して、「英語ではっきりと話す」ことを伝えました。しかし、その前に、大事なのは日本語です。日本語で自分の考えをしっかり構築できることが、国際化の第一歩といえるのです。

自分が周囲の人にしてもらいたいことをちゃんと言葉に出して言える。「背中がかゆいから背中をかいてください」「この単語がわからないから教えてください」と言えるかどうか。

もじもじして、黙っていて、周囲に「わかってください」と望むことから脱却しないと、国際化のスタートラインには立てません。

たしかに、親なら子どもが何も言わなくても、してほしいことを察することができます。赤ん坊の泣き方ひとつで気持ちがわかるでしょう。

しかし、アメリカ人の親は、あえて察するようなことはしません。特に18歳を過ぎ

たら、相手が欲していないのに先回りするのは大人をバカにする行為だ、そんなことを子どもにしてはいけない、と思っているのです。

私も、子どもたちには意見や気持ちをはっきり言うように常に言っていました。察しがいいほうではないので、言わなければわからないぞ、と。それを意識して子育てをしてほしいと思います。

思春期になると、子どもはますます口をきかなくなります。時期的なものなので、話さないのはしかたがないのですが、それでも**自分の考えや行為を人にわからせるときには、きちんと筋道立てて話をしないといけないのだ、ということはしっかり伝えてください。**

何を言いたいのかよくわからないときには、「それってどういうこと?」と質問をして引き出しましょう。「うるせぇな」などと悪態をついても、聞かれれば多少は答えるでしょう。「ああ、そうなんだ、よくわかった、なるほどね」などと相づちを打てば、話すこともそう悪くない、と思うのではないでしょうか。

Point

「それってどういうこと?」「ああ、よくわかった、なるほど」。こんな言葉のかけ方で、子どもを話しやすくする

料理をはじめ、家事ができることも大事。どんな環境でもひとりで暮らせる力をつける

子どもを国際派にするためには、家事をやらせるべき、と私は考えています。親元を離れて世界中のどこででも暮らせるようになるためには、最低限の家事ができなければいけません。

特に、料理が作れるかどうかは、大きな問題です。異国の地でがんばるのは疲れます。そんなとき、日本で食べていた料理を自分で再現できれば、元気がわきます。

また、和食はいまや、世界中で好まれています。海外で人の家に招かれたときに、和食をささっと作ることができれば、英語がペラペラしゃべれなくても、現地の人たちの心をつかむことができるでしょう。

中国人は世界中でビジネスを展開していますが、どの国でもチャイナタウンを作り、中華料理を世界中の人に食べさせて、中国という国を印象づけています。そして、家でも中華料理を作っている。だから強いのです。

小さなうちから料理が作れるように、教えてあげましょう。

また、家事というのは、本当にやることがたくさんあります。掃除、洗濯、料理だけが家事ではありません。隣近所との付き合いや、各種の支払い、壊れた家の備品の修理など、数えたらきりがありません。

それらを一つひとつ順番にやっていたら、絶対に終わらない。まず洗濯機を回して、その間にお皿を洗って、洗濯ものを干して、と段取りよく同時進行でやらないと日が暮れてしまいます。

つまり、家事をやるということは、仕事を段取りよくやる訓練になります。**段取り力を磨けば、社会人になったときにその技が生かせます。**

また、今は男女ともに働くのが当たり前、パートナーとは家事も分担するのは当たり前です。家事ができなければ、共同生活も成り立ちません。

たかが家事などと言わず、真剣に取り組んで国際化に役立てるべきでしょう。

Point

どこの国でも和食が人気。作って交流ができる。家事の段取り力は社会人になったときに大いに役立つ

国同士の関係を意識する「国際化」から、国境を越えた「グローバル化」を目指す

この章では、「国際性」「国際化」についてお話ししてきました。その一方で「グローバル化」という言葉もあります。

どう使い分ければいいのでしょうか。

「国際化」と言うときには、「国家」「国境」というものがそこにあり、国と国との間に境があることが強く意識されます。その上で国の際、つまり国境を越えて、ヒト・モノ・カネ、あるいは文化・経済・知識の交流が行われるのが「国際化」です。

一方、**「グローバル化」は直訳すると「地球化」となり、国と国との間に境を感じさせず、ヒト・モノ・カネ・文化・経済・知識などが地球規模で一体となることを指します。**「グローバリゼーション」という言い方もします。

我々は、自分の国の常識や文化などにとらわれず、他の国の文化も知る必要があります。そしてその先には、国境を越えた交流があるのだ、と考えるとよいでしょう。

このグローバル化は私なりに解釈すると、自分のいた小さな地域という概念を飛び越えて、広い世界に飛び出していくことで、「広域化」と理解するのがよいでしょう。そして、世界という視点ではなく小さな単位で考えると、日本では約50年前の「広域化」の現象が思い起こされます。

では、その当時、日本には何があったかというと、「集団就職」というものがありました。各地の農村の中学校を卒業したばかりの若者が列車で上野駅に降り立ち、東京の企業や店舗に集団で就職しに来たのです。

義務教育しか受けていない当時の農村の中卒者は、家庭の所得が低く、高等学校への進学は難しく、かといって地域にはよい就職先もない。そこで、高度成長で潤っていた東京や大都市の企業へ就職し、経済的にも自立させようという親や学校の意向もあって、彼らは都会にやってきたのです。

つまり、自分が生まれ育った場所から離れる。親元から離れる。行き先は言葉も習慣も違う大きな経済力を持つ「東京という世界」です。ちなみに当時は、東北にいたら東北弁こそ自分の言語で、江戸弁は英語のようにわからない言語でもあったと思います。そんな若者が、東京に旅立っていくのです。

このような「広域化」は、日本においても海外においても、社会が不安定なときに

起こる現象です。あの当時の就業人口を見ると、60％が農業従事者でした。しかし、農業では豊かな暮らしが望めない。一方、産業転換して工業化の波に乗った東京では、圧倒的に人材不足です。とはいえ、この先日本の工業化がどんな形になるのかもわからない。それでも地域で農業をするよりはいいかもしれないという、不安の入り交じった期待を込めて、東京という広い世界に飛び出したのです。

世界というフィールドに飛び出して豊かになってほしい

その後、日本は技術力を高めて豊かになりました。そしてバブル期がやってきます。

この時期には、若者は今自分がいる場所から外に出ようとはしませんでした。日本は希望に満ちていたから、何も好き好んで外国に行って苦労することはない。日本の企業に入りさえすれば安泰だったのです。

しかし、バブルもはじけ、今は親の世代と同じ水準の豊かさを持てるかというと難しいでしょう。初任給は頭打ち、どこかに活路を見出そうとする気持ちを持てば、世界に飛び出すことにつながります。それがグローバル化を進めているのです。

今、日本の経済状況は下降線をたどっています。ずっと日本にいれば豊かでいられるかというとそうではない。ならば、広い世界に飛び出し、世界を舞台に仕事をしなければ豊かさが得られない。それが、現在のグローバル化の背景ではないでしょうか。

さらに、2020年春からは新型コロナウイルスが経済を壊滅状態にし、日本という国の先行きを大いに乱しています。

言葉も通じない広い世界に飛び出していくには、覚悟がいります。しかし、**すばらしい未来を生き抜くために、今こそグローバルな若者を目指すべきだと考えます。**

若者たちには、積極的に世界に飛び出してチャンスをつかんでほしいと思います。日本の労働生産性は低いですから、優秀なお子さんこそ、海外でバリバリ働き、富と幸せをつかんでほしい。

自分の足で歩き、生きていくために、自分の要求をしっかりと表現できる人になること。それが、世界というフィールドで活躍するための条件です。

Point

日本を含めたさまざまな国をひとつの「地球」として見る。グローバル化とは国境の概念を超えて生きること

第6章

小学生でも中高生でも、プログラミングを勉強する時代になった！

コンピュータに命令を出す。プログラミングの手法を小学生も学ぶ

学校は国語や英語や算数を学ぶだけではなく、プログラミングを学ぶ場にもなりました。

コンピュータは今、社会の中に身近にあります。コンピュータなしでは生活もできないほどです。そこで、コンピュータをより適切、効果的に活用していくために、その仕組みを学校で勉強するということなのです。

では、プログラミングとは何か。

コンピュータは人が命令を与えることによって動作します。この命令が「プログラム」であり、命令を与えることが「プログラミング」です。**プログラミングによって、コンピュータに、人が求める動作をさせることができるのです。**

プログラミングには、論理のステップが必要です。コンピュータの仕組みは、人間

の理解のしかたと若干の違いがあります。それを意識化して、理解しやすいように命令を与えると、コンピュータも理解できる。プログラミングは究極の論理でもあるのです。

人間は何かを理解するときに、無意識に全体を理解していることが多い。答えを想定して行動することも多いです。けれど、コンピュータは、一つひとつ段階を踏まないと理解できません。

だから、論理のステップを踏んでいきます。**なんとなくぼやっと考えるのではなく、一つひとつ適切な順番で、命令を出すのがプログラミングです。**

お金の数え方は小さいほうから

具体的にどういうことか、お金の数え方で考えてみましょう。

８６２円持っているとします。

最大で何枚のコインを持っているでしょうか。

この答えは簡単です、８６２枚ですね。

では、最小ではどうなりますか？

人間は通常、大きいほうから数えます。５００円玉１枚、１００円玉３枚、50円玉１枚、10円玉１枚、１円玉２枚です。

それに、お金を数えた経験を積み重ねているから、この程度なら数えなくてもなんとなくパパッとわかってしまうのです。


しかし、**コンピュータは小さいほうから順番に考えていきます。**

全部が１円玉の場合はもうわかっているので、次に「５円玉でまかなえる枚数」を考えます。そうすると１７２枚の５円玉が必要で、あまりが２。２円は５円玉ではまかなえないから、１円玉が２枚必要、ということになります。

８６２円のうち２円は１円玉２枚が必要だと。

次に10円玉で考える。８６２円を10で割ると86枚。２円を１円玉でまかなうとわかっているから、そうすると５円玉はいらない。

その次に、50円玉を想定して８６２円を50で割る。すると17枚の50円玉が必要で12円あまるから、10円玉が１枚と１円玉が２枚必要だということ。

次に１００円玉で考える。８６２円を１００で割ると８枚になり、あまりが62円。これは50円玉が１枚、10円玉が１枚と１円玉が２枚。

そして、５００円玉を想定すると１枚。つまり８６２円を５００で割ると１枚、あ

862÷5=172 あまり 2

※１円玉２枚が必要

862÷10=86 あまり 2

※１円玉２枚であまりがまかなえるから
５円玉不要

862÷50=17 あまり 12

※１円玉２枚の他に10円玉１枚が必要

862÷100=8 あまり 62

※12 円分は１円玉２枚と10円玉１枚でまかなえるから、
残り50円だから50円玉１枚が必要

862÷500=1 あまり 362

※62円分は１円玉２枚、10円玉１枚、50円玉１枚でまかなえる
から300円分を100円玉とすると100円玉３枚

まりが362円だから、100円玉が3枚と50円玉が1枚と10円玉1枚と1円玉2枚が必要となります。

経験値のない コンピュータに 計算させるには

なんともまどろっこしく感じますが、こと計算にはコンピュータは経験値がないので、一つひとつ小さな数字から計算して積み重ねていきます。

こうした手順を理解した上で、コンピュータに命令を与えて計算を速くさせることで、正確な数字を出していくのです。

これは、クイズにすると面白いし、むしろわかりやすくなります。

「862円を、コインの枚数が一番少なくなるように、コンピュータに命令を出して計算させてみましょう。ただし、条件があります。

・コンピュータは、足し算、引き算、かけ算、割り算しかできない
・小さいほうの数字から計算する
・あまりを知ることはできる
・大きさを比較して大小を判断することはできる」

実はコンピュータは、基本的にこれらの4つの条件でできあがっています。この4つをちゃんと頭に入れて、コンピュータにどうやって間違いのない手順で命令を出すか。

これこそがプログラミングなのです。

ここで例に挙げた内容は、クイズ好きなら小学校3年生くらいでもわかると思いますが、基本的には小学校高学年から中学校くらいで学ぶとちょうどよいのではないでしょうか。

ただ、プログラミングの学習といっても、小学校でコーディング（coding：コンピュータ言語を使って、プログラムのコードを書くこと）をさせるというわけではありません。**もっと簡単なことから、プログラミングの楽しさを味わい、興味を持つような学習内容を模索する、**ということだと思います。

今の先生たちが一から教えるのはとても大変なので、コンピュータの専門の会社や専門家とコラボレーションして学んでいく方法を、文部科学省は進めています。小さな頃からプログラマーの資質を育てていく。新しい教育が始まります。

Point

クイズ形式で考えるとわかりやすい。遊び感覚でプログラミングを学ぼう

職業と結びつくプログラミング教育は子どもが将来活躍するきっかけづくりに

２０２０年度改定の新学習指導要領では、小学校から高校の各学校で「プログラミング教育」が必修化されます。

小中学校は「全面実施」ですので、学年を問わず、２０２０年度からは小学生が、２０２１年度からは中学生が新たな学習指導要領の教科書で学習をします。高校は２０２２年度の高校１年生からプログラミングの学習が始まります。

これまで、学校で学んできた内容といえば、「知性」を育てるような学習がすぐ思い浮かぶと思います。日本や世界の歴史、文学作品の理解、分子構造の理解など。そうでなければ、「生活に直結することを教える」。案内板や説明書を読みこなせるような漢字や文法を学んだり、お店で買い物をするための計算力を磨いたり。

それに比べると、プログラミング学習は、異質に感じるかもしれません。プログラマーという仕事に必要な職能を学ぶのですから、ビジネス社会に直結した教育であり、人材教育でもあります。

文部科学省はプログラミング教育について、このような言い方をしています。

「プログラミング教育は子供たちの可能性を広げることにもつながります。プログラミングの能力を開花させ、創造力を発揮して、起業する若者や特許を取得する子供も現れています。子供が秘めている可能性を発掘し、将来の社会で活躍できるきっかけとなることも期待できるのです。」

（「小学校プログラミング教育の手引〈第三版〉」〈文部科学省〉より）

時代は変わり、「将来の社会で活躍できるきっかけ」はプログラミングというわけです。昔なら、技術者として学ぶことは「釘の打ち方」でしたが、今はプログラミングだということです。

どんな職業に就くとしてもプログラミングの知識は必要

プログラミングは、コンピュータを製造する企業やソフトウェアの会社に勤務するから必要となるわけではありません。もはや、生活の中にコンピュータはなくてはならない存在です。文部科学省は、次のようにも言っています。

「コンピュータを理解し上手に活用していく力を身に付けることは、あらゆる活動においてコンピュータ等を活用することが求められるこれからの社会を生きていく子供たちにとって、将来どのような職業に就くとしても、極めて重要なこととなっています。諸外国においても、初等教育の段階からプログラミング教育を導入する動きが見られます。」(同前)

つまり、かつての〝読み書きそろばん〟に代わり、〝読み書きプログラミング〟が必要になってくるということです。

新型コロナウイルス感染拡大により、学校がやむを得ず長期間休校になり、国語や算数、理科、社会、英語を学習することで手一杯になった小学校。まだプログラミングの学習が始まっているところは少ないでしょう。

中学校は2021年度、高校は2022年度からの学習開始ですが、準備もあまり進んでいないかもしれません。

しかし、学校で先生との対面型の授業ができなくなり、オンライン授業などを取り入れることが多くなった今、保護者も子どもたちも、ますますコンピュータが身近に感じられるようになったのではないでしょうか。また、プログラミング学習の必要性も感じたのではないでしょうか。

これから少しずつ、子ども時代から「プログラミングができる」ということが、当たり前の世の中になっていきます。

学校を卒業したら、プログラマーとして働く人たちもますます増えるでしょう。このプログラミング学習も、遊びながらしっかり勉強していく必要があります。

Point

〝読み書きそろばん〟から〝読み書きプログラミング〟へ。プログラミングができる子が当たり前になっていく

プログラミングがあらゆる分野で使われていることをコラボ学習で学んでいく

では、実際に、小学校ではどんな教育が行われるのでしょうか。

文部科学省が詳細な学習内容を授けているわけではありません。

主な指導の時間は「総合的な学習」においてであり、たとえば、「総合的な学習の時間において、『プログラミングが社会でどう活用されているか』に焦点を当て、企業と連携しながら行う指導例」として、次のようなことを挙げるなど、自由な発想でプログラミングを学習課題として扱うことを望んでいるようです。

・自動車メーカーと連携する指導例

情報技術を生かした最新の自動車や安全な社会に向けたものづくりに携わる人々と

の関わりを通して、情報技術が人々の生活や生産活動の改善に向けて生かされていることに気付くとともに、情報技術の進展と豊かで安全な生活について考え、その実現に向けて取り組む。

・住宅メーカーと連携する指導例

私たちの住む家の仕組みを調べたり、暮らしやすい家づくりを提案したりする活動を通して、住まいにおける快適な暮らしには、取り巻く環境に配慮し、多様なライフスタイルや一人一人のニーズに応じた工夫が存在することに気付き、情報技術によって豊かで人と人との関わり合いのある生活を実現する家づくりについて考える。

・インターネット関連企業と連携する指導例

自分たちの住むまちの魅力を調べ、その魅力についてチャットボットを活用して発信する活動を通して、自分たちのまちにはいろいろな魅力があることやプログラミングを使った情報発信のよさに気付き、自分たちの住むまちの問題を自分事として捉え、その解決に向けて自分にできることを考える。

※以上、令和元年９月に設定された「未来の学び　プログラミング教育推進月間」（みらプロ）において取り組まれた実践を基に作成

正六角形を正しくかくためのプログラム例

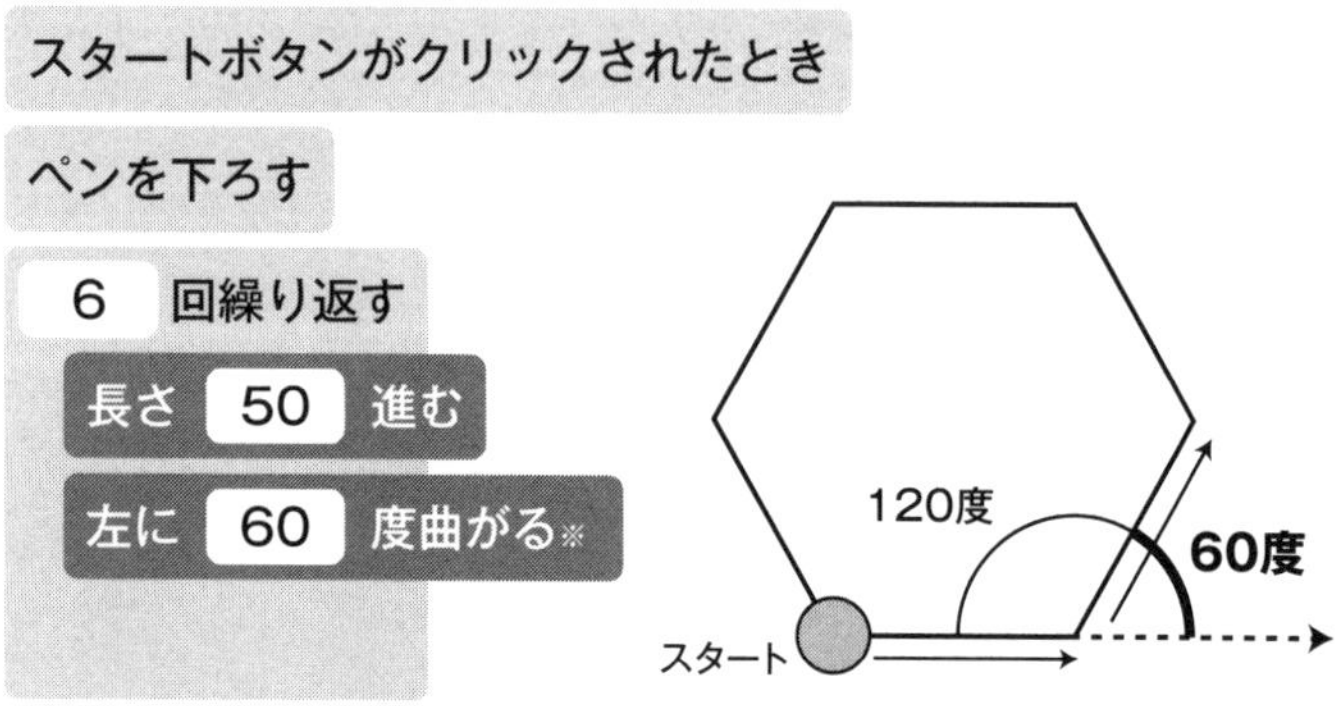
スタートボタンがクリックされたとき
ペンを下ろす
6 回繰り返す
長さ 50 進む
左に 60 度曲がる※
120度
60度
スタート

※「左に120度曲がる」と命令すると正しくかけない

「小学校プログラミング教育の手引(第三版)」(文部科学省)より

まずは、こうしてプログラミングを身近に感じること、そして、特にこれまで意識していなかったプログラミングが、世の中のあらゆるところに使われていると実感することがねらいなのでしょう。

正多角形をプログラミングで正確に書く

実際のプログラミングも小学生のうちから体験できます。

たとえば、小学校5年生の算数で、プログラミングで正多角形を正確に書く体験を文部科学省は提案し、すでに実施している学校もあります。

図形を構成する要素に着目し、プログラミングを通して正多角形を書くのです。

ここでは、正多角形について、

- 辺の長さがすべて等しい
- 角の大きさがすべて等しい

という正多角形の意味を用いて作図できることを、プログラミングを通して確認します。そして、定規を使って書いてもきれいに書けない正多角形を、コンピュータであれば容易に書けることを発見します。

料理、建築の「工程」を書き、作業の効率化を確実にする

この他、プログラミングでできることはたくさんあります。

たとえば、料理の手順を、プログラミングの思考に合わせて考えていく、という学習もできます。

また、建築の世界を見せることでもわかりやすいでしょう。建物を建てる段取りを示します。

最初に土台をつくってその上に木を乗せて柱を立てて屋根をつけ、壁を立てる。この工程で建物を建てるとして、どの材料をどのタイミングで運んだらいいのか、その段取りは、プログラミングすれば、簡単に最適化することができます。

クリティカルパスと呼ばれる、開始から終了までの全作業を作業順序に従ってつないだ中で最長時間の経路を見つけ出し、その経路を短縮することで全工程を短縮できるなど、そこには実践に役立つさまざまな学びがあります。

冷蔵庫の中の整理にも使えます。賞味期限の近いものから使っていく。そこでできあがる可能な組み合わせから、今晩の料理に使えるレシピを提示することもできる。そのレシピには「これが足りないから買ってきましょう」という提案もできるのです。

プログラミングによって、日々の暮らしがより便利で楽しくなるということを実感するのが一番の狙いでしょう。

Point

プログラミングが毎日の暮らしをもっと便利にする。その実感を小学生のうちからつかんでおく

ゲーム好きは悪いことではない。プログラミングもゲームから学べる

ゲームが好き、というと学校からも保護者からも目の敵《かたき》にされます。もちろん、依存して長時間を費やし、他に何も進まないのはよくないですが、これからの時代、ゲームのプログラミングに興味がある子どもたちは、将来有望です。

テレビゲームが盛んになってから長い時間がたち、ゲームもさまざまな技術に支えられるようになっています。システムを作るシステムプログラマーだけでなく、サーバーのプログラマー、エフェクトプログラマー、AIプログラマーなど、多くの分野のプログラマーたちが関わっています。そして、複雑な構造と高画質、すばらしい音楽、アートなど技術や芸術の質の向上が際立つようになりました。

これからは、**もしゲームが好きなら、消費者としてゲームにのめり込むのではなく、技術者として社会に貢献できるような質のいいゲームを作ってほしい**ですね。

開成の生徒たちにもゲーム好きは多いですが、私は「好きならうんとやれ」と言っ

このゲーム
おもしろいんだよ！
すっげーの！
へえ！
どんなところが
おもしろいの？

ていました。ゲームの面白さの真髄を味わいなさいと。ただ、

「ゲームをやってただ楽しんでいるだけなら、消費者でしかない、何も生み出さない。本当に好きだったら、作るほうに回れ」とも言いました。

　面白いと思ったら、なぜ面白いのか、世の中に何が求められているのか、しっかり分析しろ、と。中には、私が言わなくても技術にのめり込み、アプリ甲子園で金賞を取ってくる生徒もいました。

毛嫌いされているものほど社会に影響を与える

そもそも、大人が毛嫌いするものは、

世の中で熱く受け入れられるものです。一昔前なら、漫画、ドリフターズ、「クレヨンしんちゃん」など。

昔は、「テレビばっかり観てるんじゃない！」「漫画ばっかり読んでいたら頭が悪くなる！」などと言われていました。しかし、ただの娯楽だけでなく、歴史や経済学を学ぶには、漫画から入ったほうがわかりやすい。文字は抽象的なので、それに具象としての漫画をくっつけることで理解しやすいのです。

テレビに関しても、ラジオで伝えられないことを動画で伝えられる。アニメやドラマから得られる情報も多くなりました。**何か新しいこと、学ぶべきことに足を踏み入れるときは、チャレンジするハードルは低ければ低いほうがいい。**

ゲームもそれと同じで、学ぶべきものを取り入れるきっかけになる。ゲームで遊びながらストーリーに合わせて新しい知識を得るツールとしても使えるでしょう。

保護者の方も、ゲームをただ毛嫌いするのではなく、お子さんがゲームから何を吸収しているのかを、よくくみとり、助言してあげられるといいですね。

Point

ゲームが好きならとことん分析を。消費者でなく制作者として社会に貢献しよう

ＡＩの知識を持つのも新しい教育の流れ。人間だからこそできることを確認する

プログラミングの学習の中にも、ごく自然にＡＩのことが含まれています。

ＡＩの定義はまだ定まっていませんが、人工知能のことで、英語ではArtificial Intelligenceといいます。人間の「知的ふるまい」の一部を、コンピュータプログラムを用いて人工的に再現する、もしくはその研究分野を指します。

つまり、人間が脳で考え、活動することをコンピュータで再現できるとあって、人としての仕事のかなりの部分は人工知能が代わりにできるのだ、と話題になっています。

これまでのコンピュータは「経験がない」ため、計算が中心でした。しかし、ＡＩの一種として「機械学習」があり、これはデータから学習できることを示しています。たくさんのデータの中から適切な「知的ふるまい」を、人工的に実現できるとい

うことは、「経験から学ぶ」ことができるということです。これによって、「見分け」ができ、音声認識や自動運転技術などにも発展し、すでにさまざまな分野で応用されています。

人工知能の技術を組み合わせることで、「こんなこともできるのか！」という能力を発揮しています。たとえば、以下のような技術です。

- **画像認識**……製造業で作る部品の不良品の検出、医療画像から病変を見つける、顔の認識でセキュリティをかける、また自動運転なども、この画像認識の技術を複合的に使って実現しています。
- **音声認識**……スマートスピーカーがわかりやすい例です。音声で話しかけると反応してくれます。これにさらに別の技術を組み合わせ、「朝にふさわしい音楽をかけて」と話しかけると、歌詞に「朝」という文字が入っている、朝の時間帯に放送される回数が多いなど、ふさわしいデータの中から選び出して「朝にふさわしい音楽」を流します。
- **自然言語処理**……チャットボットがわかりやすい例です。WEBサイト上で質問が投稿されると、それに対する適切な回答を自動的に返すことで、会話を成立させます。実際に文部科学省が示した小学校での学習例にも、チャットボットが挙げられています。

• **強化学習**……ゲームの自動対戦がわかりやすい例です。囲碁や将棋、チェスなどの分野が特に有名で、人間のプロ囲碁棋士をＡＩが破るなど、すばらしい成果もあげています。実際、囲碁や将棋、チェスのプレイヤーは、人間ではなく、ＡＩと気軽にいつでも自宅で対戦ができるとあって、愛用しているようです。

ＡＩを学ぶことは、プログラミングの最先端を知ることでもあり、また裏返せば、「では、人間は何を学び、どうあるべきか」を深く考えることでもあります。

そういう意味でも、プログラミング学習は、将来を生きる子どもたちには不可欠な学びといえるでしょう。

Point

人工知能の進化は目覚ましい。「経験から学ぶ」ことが可能になったＡＩに負けないように！

「プログラミング的思考」を持ち、論理的に考えるくせをつける

小学校のプログラミング教育では、プログラムのコーディングを覚えることが目的ではありません。

文部科学省は、小学校で学ぶプログラミング教育を、次のように考えています。

「子供たちに、コンピュータに意図した処理を行うよう指示することができるということを体験させながら、将来どのような職業に就くとしても、時代を超えて普遍的に求められる力としての『プログラミング的思考』などを育むこと」

（「小学校段階におけるプログラミング教育の在り方について〈議論の取りまとめ〉」平成28年〈文部科学省ホームページ〉より）

むしろ、**技術そのものより、考え方を学ぶことを、文部科学省は重要視しています。**そのプログラミング思考とは、

「自分が意図する一連の活動を実現するために、どのような動きの組合せが必要であり、一つ一つの動きに対応した記号を、どのように組み合わせたらいいのか、記号の組合せをどのように改善していけば、より意図した活動に近づくのか、といったことを論理的に考えていく力」(同前)

と言っています。

小学校では、プログラミング的思考を理解し、システムの流れを理解した論理的な考え方を学ぶことが目的とされています。

その上で、中学生になったら簡単なプログラミングを体験し、そして高校生になったら、**「コンピュータの働きを科学的に理解するとともに、実際の問題解決にコンピュータを活用できるようにすること」を目標にします。**

こうした段階を踏みながら、プログラミングを身近に、そして技術としても身につけることが必修化される。そう理解するとよいでしょう。

Point

プログラミングを身近に感じるために論理的でシステムを意識した思考を学ぶ

第7章

アクティブ・ラーニングって どんな勉強ですか?

最近よく聞く「アクティブ・ラーニング」。知識の詰め込みとは違う学び方

昨今「アクティブ・ラーニング」という言葉をよく聞くようになりました。

これも、新学習指導要領に盛り込まれている内容です。もともとは大学生に向けての知識や学問の伝達手段として重要視されていましたが、今は小学校、中学校、高校も、すでに実施しているところが多数です。

文部科学省によれば、アクティブ・ラーニングとは、

「学びの量とともに、質や深まりが重要であり、子供たちが『どのように学ぶか』についても光を当てる必要があるとの認識のもと、『課題の発見・解決に向けた主体的・協働的な学び』」（文部科学省ホームページより）

と説明しています。そして、

「子供たちが『何を知っているか』だけではなく、『知っていることを使ってどのように社会・世界と関わり、よりよい人生を送るか』ということであり、知識・技能、思考力・判断力・表現力等、学びに向かう力や人間性など情意・態度等に関わるものの全てを、いかに総合的に育んでいくか」(同前)

に意義がある、とも述べています。

第5章で国際化について述べましたが、日本では教師が知識を生徒たちに伝える一方向型の授業を中心に、学校教育が行われてきました。生徒は知識を教員から吸収する、つまり受け身(パッシブ)の教育スタイルが主でした。しかし、アメリカでは自らテーマを決めて文献を探し、自分で情報を集める。そして自分なりの論理の構築をしていきます。その間には、仲間との討論などもある。つまり自分から積極的(アクティブ)に発信する教育スタイルが知識の定着に役に立つことが理解されるようになってきました。

Point

知識を一方的に授ける授業ではなく、自ら課題を解決するため、仲間との討論も行う

一方通行の教えは定着しにくい。自分から発信する学びで定着させる

そもそも教育は、一方的に授ける形から始まりました。

というのも、教育は宗教から発生しているからです。教会のミサにしろ訓話にしろ、知識は常に権威でした。師が「こうですよ」と言ったことを、信者は受け入れるのです。師から信者集団への一方通行でした。

これはキリスト教だけでなく、中国でも論語は「子曰く」で始まっている。日本の寺子屋でも同じです。

しかし、この伝え方で生徒たちの頭の中に定着しているかというと、それほど定着していないということに気がついた。

なぜ定着しないのか、定着させるにはどうしたらいいのか、と考えたときに、アクティブ・ラーニングが生まれたのです。

頭の中にある見聞をどう定着させたらいいのかというと、とにかくアウトプットさ

せることが大事だと。自分から発信するときに、本人の中でもその概念が定着するのですから、とにかく表現させようということになりました。

一方的に授けられる師の話を聞く、これは受け身の学習です。受動態、つまり英語で言うとパッシブな学習です。これの反対が能動態の学習。能動とは「アクティブ」なので、アクティブ・ラーニングと呼ばれるわけです。

ただ、日本でも体育や美術、技術・家庭などの実技科目は、パッシブな学習とは少し違います。

体育のプール学習で、「バタフライの泳ぎ方はこうです」と講義を受けて、その場でバタフライを泳いでみるわけですから。

また、家庭科で「自分の好きな絵柄の巾着を作りましょう」というテーマがあり、デザインを考え、実際に縫ってみて仕上げるのも、アクティブ・ラーニングのひとつの形ともいえます。

Point

教育は師の教えを授けられる宗教から始まった。現代は、自分の頭や身体を能動的に動かす教育が必要

「授業中おしゃべりはいけません！」は古い。アクティブ・ラーニングの教室はうるさい

課題解決型の学びがアクティブ・ラーニングのわかりやすい例ですが、形にとらわれる必要はありません。子どもたちが能動的に学ぶことを念頭に置くことが大事だと、私は思っています。

座学の場合であっても、「アクティブ」にすることはできます。

生徒たちがそこで学んでいることについて、咀嚼《そしゃく》したものを表明しないといけないという環境に常に置かれているのが、アクティブ・ラーニング。先生が講義をしているのだけれども、いつ自分の意見を求められるかわからない。

「こう聞かれたら、こう言おう」

と常に考えながら身構えている状態を作る。そして生徒は、指名されたらすぐに答える。発言に慣れている子なら、時間配分までして発言する。そういう教室を作ることが、アクティブ・ラーニングです。

かつては、授業中、先生が朗々と話をしていて、生徒がしゃべると「教室経営がうまくいっていない」とみなされました。生徒は沈思黙考して先生のお話を集中して聞くようにしましょう、それで管理維持できる人が優秀な教師です、と。

しかし、アクティブ・ラーニングを進める授業では、生徒の意見をどんどん引き出し、それにまた別の生徒が答える、反論する、賛同する、という教室経営がよしとされます。

知識が腹に入ってアミノ酸となり、血となり肉となる学習に

かつて、開成の授業を見学したいという学校の先生がいました。普段はお控えいただいているのですが、少し事情があって、例外的にお受けしたことがあります。

2日連続で見学する計画で来られましたが、とにかく、開成の授業中は、生徒たちがうるさい。2日目、どうにも耐えられなくなって、授業中にその先生は、

「静かにしろ！」

と怒鳴ってしまいました。教えている先生に対して失礼だと思ったのでしょう。

開成の授業は、たしかに本当にうるさいのです。

「わかった！」と叫ぶ。

先生に向かって「それ、違うんじゃないですか？」と、昔風に言えばたてつく。外部の先生から見れば「黙って聴いておけ、生意気だ」となるのでしょう。けれど、これこそがアクティブ・ラーニングなのです。

人は何か考えるとそれをアウトプットしたくなるものです。完全に受け身でかしこまっているときは、教えてもらったことが知識として入ってくるだけ。料理でいえば、好きも嫌いもおいしくも感じないものを、口に入れているだけです。

でも、おいしい料理だったら、「うまい！」と、つい叫びたくなるでしょう。

「こうしたら、もっとおいしくなる」

「このソースをかけたらもっとイケるんじゃないか」

とか、どんどん言いたくなるのが当たり前です。

身になる教育とは、授けた知識がそれぞれの生徒の腹に入り消化され、アミノ酸になって再構成されて、それぞれの血となり肉となり、その生徒の力となって発揮される教育です。

教師は、生徒に知識を頭の中で咀嚼させるための伝達技術を持っていることが重要なのです。

小学校低学年の頃などは、先生が「わかる人？」「はーい！」などとやっていた。しかし、１年間に教えるべき知識が多くなる高学年、そして中高生になると、先生は時間が足りなくなってくることもあり、だんだん生徒を指さなくなっていく。

すると、パッシブ・ラーニングになってしまう。

しかし、本来そこも、先生の技術でカバーすべきなのです。時間があまりないときはいたしかたなく、先生が思っていることを言いそうな生徒を指す。ただし、時間に余裕があるときは、何か突拍子もないことを言うような生徒を指す。そこから知識が発展し、教室がざわめき、議論が生まれ、面白くなっていく。

アクティブ・ラーニングは、教える側の技術もとても重要になります。

一方通行の知識伝達が横広の教育だとすれば、アクティブ・ラーニングは縦深の教育といえるでしょう。

Point

知識を伝える授業でも、いつ発言を求められるか緊張感を持って臨める授業なら、アクティブ・ラーニング

AIで世の中の半分の職業がなくなる!? 次の時代を生きるために必要なこと

AIが本格的に活用され始めた現代社会。オックスフォード大学のマイケル・A・オズボーン博士の研究で、AIをはじめとする自動化で「将来なくなる職業」が分析されて話題になりました。

銀行の融資担当者、スポーツの審判、不動産ブローカー、ホテルの受付係、ネイリスト、時計・カメラ・撮影機器などの修理工……、アメリカの総雇用者の約半数の職業が、自動化される可能性が高いと、それぞれに数字をもって発表し、衝撃を与えました。

では、**人間にしかできない仕事は何か。**アクティブ・ラーニングは、この問いに答えを出せる人材を育成するための手段としても考えられています。

文部科学省も、

「変化を見通せないこれからの時代において、新しい社会の在り方を自ら創造することができる資質・能力を子供たちに育むため」（文部科学省ホームページより）という言葉で、アクティブ・ラーニングの目的を表現しています。

これからは、「人間にしかできない仕事とは何か」を考え、挑んでいく必要がある。また、親の世代が考えてもみなかった新しい職業が生まれ、それに対応していく必要もある。受動的に知識を受け入れているだけではそうした職業を切り開いていけなくなるということなのです。

また、今現在の社会を見ても、新型コロナウイルスがもたらす世界の経済、国と国との結びつきは、想像もできない形になるのかもしれません。だれにも予想のつかない世界が近い将来やってくる。

まさにそうした「変化の見通せない社会」の中で生きていく力をつけることが、将来を担う子どもたちには欠かせないのです。

アクティブ・ラーニングは、子どもたちがこれからの時代を生き抜くための欠かせない道具でもあります。

Point

新型コロナウイルスで国と国との結びつきや経済も変わる。変化の大きい時代をアクティブ・ラーニングで生き抜く

知識重視の一方通行の講義では復習が大事。アクティブ・ラーニングでは予習が大事

学習を定着させるには、復習が大事、とよく言われます。

先生の講義を一方通行で聞くパッシブ・ラーニングの授業では、これが常識です。教室で新しい知識を授けてもらっても、ともすると右の耳から左の耳に先生の話が抜けていってしまい、「聴いていたのに覚えていない」という現象が起こりがちです。だから、家に帰ってから復習して定着させるのです。

しかし、**アクティブ・ラーニングでは、家でやるのは予習です。**授業でやるテーマをあらかじめ自分なりに学んでおき、教室で定着させていく。

アメリカの大学ではこの傾向が顕著です。学期ごとにリーディング・アサインメント（Reading assignment）を課しています。

リーディング・アサインメントとは、授業を受講する学生に予習として読了を義務付ける文献。その文献を読んでいることを前提にして、授業を進める教育手法です。

これは、ごく一般的なものとしてアメリカやヨーロッパの大学では行われていますし、中学校、高校でもこれに似た予習を課す先生は多いです。

アメリカの小中高校でも同じような文献を予習してくる授業があります。また、小中高校生でも大学生でも、教科書がある場合は、「教科書を読んできなさい」と言うことも多いです。

なぜ教科書を読んでくるのかというと、授業中に質問をしたり、発言をしたりするためです。授業中にはじめて教科書を読んでいては質問も発言もできないからです。

つまりアメリカでは、**基本的にはパッシブだと思われるような講義を聴くタイプの授業でも、発言を求められ、それが定着に結びつく。**

日本では復習を大事にしますが、予習は「どうやったらいいのか」と戸惑い、しない学生が多いと思います。しかし、少し考え直すとよいのではないでしょうか。

Point

教科書で勉強するときでも予習をするのがアメリカ。授業中に質問や発言をするには予習が重要だから

アクティブ・ラーニングはPDCAの実践。ビジネス社会でも即、役に立つ

アメリカの学習の仕方の細かい部分は、日本のように国全体で決めるというより、州ごとに決まりを作っています。

また、日本のように国全体で統一する学習指導要領のようなものがあるわけではなく、先生の裁量に任される部分が大きい、というのも、子どもたちの学習内容を見て感じました。

私が子どもたちと住んでいたマサチューセッツ州で、子どもたちが経験した、ある公立小学校の例で詳細を紹介します。

私の子どもたちの小学校では、いろいろな教科でひとつずつテーマを掲げ、半年かけて学んでいました。

この学びは「プロジェクト」と名付けられています。

学期のはじめにテーマを決め、子どもは学校の図書館か、地域の図書館で参考書を選びます。選んだ参考書を先生に見せて先生と相談するのも大事な過程です。

本の選定が終わったら、じっくりとその本を読み、理解したことを次々にカードに書いていきます。

次に、そのカードを分類し、レポートの章立てにします。どう並べたら人にわかりやすく伝わるか、グループ名をどうするかについては、先生と相談することもあります。

これでよしとなれば、目次を書き上げるのです。

長男は、小学校5年生のときにバージニア州の成り立ちや旗、鳥についてまとめました。図書館司書の先生に教えてもらっていました。

中学3年のときには、ブッシュとデュカキスの大統領選についてまとめ、出来がよかったらしく先生からクラスの前で褒められたようです。

次男は小学校3年生のときにクラス25人が班に分かれて模擬店を開き、物を売る、という体験をしていました。息子の班は折り紙ショップを開いて人気でした。

また、5年生のときは真珠湾攻撃を扱うなど、子どもといえども、シリアスな内容を扱っていました。こうして子どもたちは学習を通して社会と深く関わります。

小学校3年生から、大学生が論文を書くときのようなことをするのですから、日本の小学生にとっては驚きかもしれません。日本の学生が、大学生になっても幼く見えるのは、こうした探求の学習が少ないせいもあるのだと私は思います。

探求をすることは、自分を見つめることでもありますし、自分の中から生まれてくるものを発見することでもあります。

私の子どもたちも、マサチューセッツ州のこのアクティブ・ラーニングを受けたことで、かなり成長したと感じています。

PDCAは何回も繰り返す

このプロジェクトで目次を書く方法は、大学生が論文を書くときにも使いますが、大人の世界でもそのまま使うことができます。

企画を立てるときや、作業の工程表を作るときも、同様にできます。緻密《ちみつ》に考えることで失敗も少なくなりますし、逆に失敗したら、どこが失敗の原因だったのかもよ

PDCAサイクル

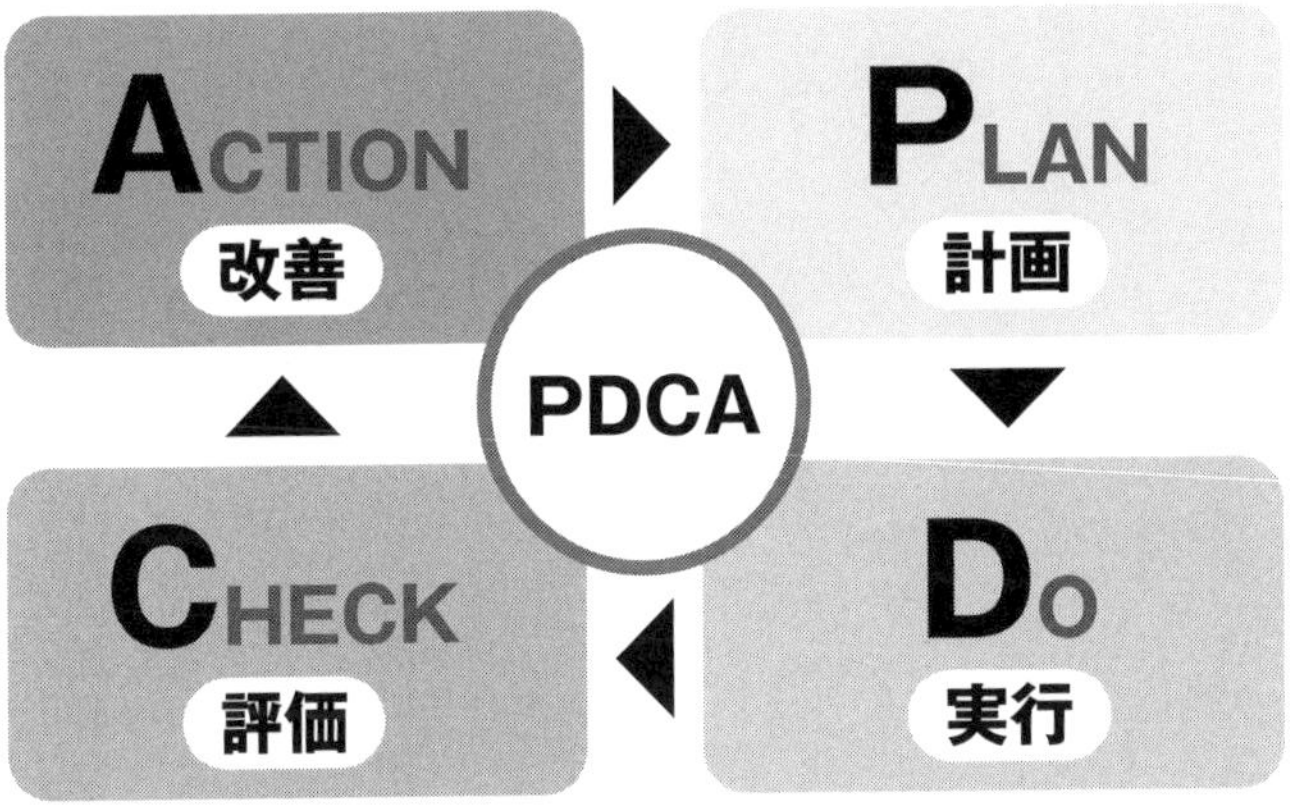

くわかります。

この教育の最終的な目標はＰＤＣＡができるようになることです。

ＰＤＣＡとは、仕事をどのような過程で回せば効率よく業務を行えるようになるかという理論のことをいいます。

第二次世界大戦後にアメリカの物理学者ウォルター・シューハートとその弟子である物理学者エドワーズ・デミングにより提唱された理論で、Plan（計画）・Do（実行）・Check（点検・評価）・Action（改善・処置）の頭文字を取っています。

日本では１９９０年頃から、ビジネス界でもさかんに使われるようになり、今に至っています。

業務を遂行するときに、まず計画し、実行し、その内容を点検・評価し、改善に結びつける。この過程を経《へ》ることで、実行したことの成果を自覚することができます。

ただ、たった1回このＰＤＣＡをやったからといってうまくいくわけではありません。改善のためにまた計画し、実行し、点検・評価し、改善する……を繰り返し、その業務がよりよいものになっていきます。

ビジネス界では、ごく当たり前の業務の進め方で、これができる人が活躍できる人でもあります。

子どもたちのアクティブ・ラーニングは、大人になって社会に出たときに、スムーズに順応でき、また活躍できる力を身につけることでもあります。

たとえば、研究室で実験をするときも、このＰＤＣＡサイクルを回しているのです。実験のプランがあり、実験し、その結果をチェックし、改善点があれば実験のし直しや変更をする。

企業で商品作りをするときも同様です。まず商品企画をし、試作をして、その試作品が販売に妥当なものなのかをチェックし、改善点があれば改善してまた、試作、調査をする、というようなＰＤＣＡサイクルを回します。

新しいことをやるときはいつもＰＤＣＡサイクルを回すのです。

ベンチャー企業を立ち上げたい意欲ある若者にとっても、この勉強の仕組みはきっと役に立つでしょう。

日本のアクティブ・ラーニングは、子どもたちのこうした将来の仕事の仕方まで見据えて、学習に取り入れるという決断をしました。

アクティブ・ラーニングに取り組むということは、自分の中から発するもので、何かを作り出す素地を作るということ。お子さんが大人になったときの活躍が期待できるということ。

そして、**将来の社会のリーダーたる人間になることを目指しています。**

「アクティブ・ラーニング？　よくわからない」と軽視せず、学校でしっかりと取り組み、家庭でもフォローするとよいのではないでしょうか。

Point

仕事の企画を立てるときもベンチャー企業を立ち上げるときもアクティブ・ラーニングをそのまま活用できる

部活動は「取り出し授業」。アクティブにどんどんやらせよう

日本の学校の勉強は、文部科学省が決めた学習指導要領に合わせ、内容も範囲もある程度決まっています。その範囲をきちんと勉強できるところが、日本の教育のいいところですが、それ以上に深いところまで極めたい、あるいはその範囲を超えて違う分野も勉強したい、という子もいます。

日本の学習は、平均的に学力が上がるのですが、勉強の意欲の高い子には物足りないという面があります。

そこを補うという意味で、部活動を活用するのもひとつのやり方です。

開成では、数学が好きな子は数学のサークルに入って、思う存分難解な問題に挑んでいます。中高一貫校なので、高校生が主体的に中学生を教えることも多いです。

雑学も含めてさまざまな領域の知識を学びたいという子は、クイズ研究部に入って

いろいろな知識をどんどん入れていく。

部活動は、自分の趣味や好みに合うサークルに所属して、自分の好きなことを中心にして、深く経験をしていく絶好の場です。

ある意味、生徒同士が触発し合うアクティブ・ラーニングのようなものです。「取り出し授業」でもあると私は思っていました。

体育系の部活動でもそれは同じでしょう。

学校の体育ではサッカーをずっとやるわけにはいかず、陸上もやればバスケットボールもやる、となるわけですが、自分はサッカーをもっとやりたいのだ、と思うから、サッカー部に入りますよね。

また、チームの中で触発し合い、技を磨き合い、コミュニケーション力も高める。試合に勝ちたいという課題のもとに、戦略を立て、練習をし、それで勝てるかどうか検証し、うまくいかなかったら別の戦略を立てる……。部活では、生徒たち全員が協力して、自然とPDCAサイクルを回しているのです。

開成では、土曜日も授業がありますが、部活動で試合やコンクールに出る場合は公欠にして欠席にはしないことになっています。「取り出し授業」ですから、思う存分やってほしいというのが、教師の願いなのです。私立だからこそ、できることではありますが。

保護者のみなさんは、部活ばかりやっている子どもたちに対して、「もっと学校の勉強に身を入れてほしい」と思うかもしれません。

けれど、部活動は授業を超えたアクティブ・ラーニングの一環と考えたらどうでしょうか。

子どもたちは、部活動の厳しさ、楽しさに身体ごと飛び込み、さまざまな経験の中で成長します。第1章でも紹介した、開成のクイズ研究部に所属していた伊沢拓司は、クイズを仕事にして、企業を作ってしまった。今や彼は社長です。思う存分やれば、道は開ける。アクティブ・ラーニングは、子どもの自己肯定感も上げてくれます。

Point

仲間たちとアクティブ・ラーニングをして成長し、部活をきっかけに起業することもできる

小学生も高校生も「紙芝居」を作るのがいい。1枚にひとつの話を入れ、全体を構成する

アクティブ・ラーニングには、紙芝居が有効です。

紙芝居というのは、1枚にひとつ、話の展開があり、次々に進んでいく。そして、全体がひとつの話になっています。

1枚の紙にどんな内容を入れて、次の1枚とどうつなげるか。そして全体でどんなことを言いたいのか。これを考えるのは、論文を書くのと似たような流れになります。

夏休みの自由研究などでもいいですから、紙芝居を作ってみるといいのではないでしょうか。

難しい話にする必要はありません。好きなキャラクターを主人公にして、テレビのアニメで観た内容を参考にしてもいいのです。ドラえもんと自分が一緒に過ごしたら

どうするとか、そのようなことでかまいません。

ビジュアルと文章を融合させることで、思考がはっきりと伝わるのです。

裏に書く文章は長くなくていい。文章で伝えきれない部分を絵で伝えればよいのです。うまくできそうもなかったら、親がサポートしてもいいでしょう。

「紙芝居・プレゼンテーション」という表現の仕方もある

実は、紙芝居はアクティブ・ラーニングの伝達手法としてもよく知られます。川嶋直《ただし》さんという環境教育の専門家の方が編み出したプレゼンテーションの方法で、「紙芝居・プレゼンテーション」の略でＫＰ法と呼ばれています。

要点だけを短く大きく書いた紙を用意し、それをボードに貼って説明します。これは授業でもできるのです。

今日学ぶことの要点を何枚かの紙に書き、黒板に貼ったまま話をすると、要点が視覚的に整理され、振り返りもできます。

黒板に書いては消していくと、ノートを取るのが間に合わない生徒がいます。また、次々に新しい展開を映し出すパワーポイントのプレゼンテーション資料も、早すぎてついていけない、という人はたくさんいます。

紙をずっと黒板に貼っておけば、少し前に先生が言ったことも思い出され、全体として頭に入るのです。

ですから、この川嶋先生のようなことをやるのもよいでしょう。自分の言いたいことがあったら、短い言葉でメモ用紙に書いて、食卓に並べ、順を追って話していくような練習をしてもいい。

勉強というより、遊びの一環で、親子で楽しめるとよいでしょう。

アクティブ・ラーニングは遊びの要素が入っていたほうがうまくいきます。

Point

話したいことの要点を短い言葉でメモに書いて並べ、説明する練習をすると論理的に話すことができる

コーヒーの砂糖、シャンプーやリンス。家庭の中のモノを掘り下げるきっかけに

アクティブ・ラーニングは、学校でしかできないわけではありません。家の中で、保護者が促すことは、十分にできます。

親子でティータイムに、

「ホットコーヒーにはグラニュー糖を入れるけれど、アイスコーヒーには液状のシロップを入れるよね」

などという話をしながら、

「なぜアイスコーヒーにはグラニュー糖ではなくて液状のシロップなんだろうね」

こんなさりげない疑問も、化学の領域をどんどん深めることができます。

答えは、溶解度の温度依存性が違うということ。粉状の固体の砂糖は、温度が高くなるほど溶ける。アイスコーヒーの温度ではうまく溶けないため、アイスコーヒーにはあらかじめ砂糖を水に溶かしたシロップを入れるのだと。

ところが、食塩は溶解度が温度に依存していない。食塩は冷たいものに入れても温かいものに入れてもそれほど変わらない。では、溶解度とはいったい何なのか？

あるいは、

「アイスコーヒーにグラニュー糖を入れても溶けないからシロップを入れる。じゃあ、ホットコーヒーにシロップを入れてもいいはずだけれど、入れないのはなぜなんだろうね」

こんな素朴な疑問がわいたら、調べてみればいいのです。今はすぐそばにスマートフォンがあり、検索すればさまざまな答えが瞬時に出てきます。

シロップは水に砂糖を溶かしたものだから、ホットコーヒーに入れるとうすまってしまう。冷たい液体を入れるとコーヒーが冷めてしまう。いろいろな理由が得られます。どれも、親子で「ふーん」「なるほど！」と共感できます。

では溶解度について、もっと掘り下げてみよう——。子どもがそんな意欲を持てば、どんどん掘り下げればいいのです。

あるいは、「シャンプーのあと、リンスをつけるけれど、あれは洗浄で水分や油分を失った髪に潤いを与えるためにつけるよね」などと子どもに話を振ってみる。「それは、洗濯のときに洗剤と柔軟剤を使うのと同じことなのかな？」など。

なぜ？　と疑問に思い、界面活性剤同士の補い合う関係を調べだしたら、その面白さを深掘りしたくなります。

家庭の中のことを、根拠立てて説明することを楽しめる

家庭の中で何気なく使っているものにも化学的な根拠がある、という視点を持つと、家の中でさまざまな学びができます。

こういう分野は子どもも母親も父親も興味が持てる内容です。子どもが持っている知識と保護者が持っている生活の知恵を持ち寄ることで、お互いにアクティブ・ラーニングをすることができる。双方にとって楽しいことでしょう。

こうした学びは、高校生くらいになっても楽しい。高校生なら、母親が何気なく毎日の料理の中で当然のようにしていることに、化学記号などを交えてさらに詳しくなり、化学的根拠があることを示すことができます。

たとえば、なぜ味付けが「さしすせそ」の順がいいのか。母親は、かつて料理番組でそういうふうに教えてもらって、そのとおりにしているのだ、と。しかし、高校生は、分子構造から説明ができる。最初は分子の大きいものからしみこませなければいけないからだと。

こんなときこそ保護者は、

「へぇー！」

「すごいね、そんな理由があったんだね」

と大いに褒めてあげましょう。


家庭でアクティブ・ラーニングをするときには、まずはともに学ぶところから始めて、このように「子どもが親に教える」ところに行き着くのがよいのです。


一方通行の学びより双方向のほうが定着するわけですが、一方的に教えてもらうより、自分から大人に教えることもまた、定着の非常によい方法なのです。

それを、親が教えようとすると、上から下への一方通行になり、まさしく定着しない、教訓のようなものになってしまいます。

家では、親が子どもに教わる経験を、たくさんしましょう。それこそが、学習を定着させるとてもいい方法なのです。

Point

親は「子どもに教えてもらう」姿勢が大事。「へぇー！」「すごいね！」とリアクションしよう

とにかく子どもをしゃべらせる。小学生も思春期でも5W1Hで質問をする

自分から発信するのがアクティブ・ラーニングなのだから、とにかく子どもには自由にしゃべらせることが大切です。**自分から声を発して、発することで考えをまとめて、自分なりの結論が出せるようにしたいものです。**

けれど、保護者は、「勉強したの?」と質問したにもかかわらず、子どもが答えるまでもなく「してないじゃない! どうするの、そんなことで!」などと、自分で答えを言ってしまうことはありませんか?

子どもと親の会話は、「2対1」で子どものほうが多くしゃべることを心がけましょう。

主語も目的語も抜けているのが小学生の会話

小学生なら、学校から帰るなり、
「ねえねえ、今日勉強したんだよ」と、主語も目的語もない会話が始まります。このとき、
「なに？ それじゃぜんぜんわからないよ」と否定するのではなく、**5W1Hをひとつずつ聞いていけばよいのです。**

5W1Hとは、who（だれが）、when（いつ）、where（どこで）、what（何を）、why（なぜ）、how（どうやって）。

だれが（本人）と、いつ（今日）、どこで（学校で）はわかっているので、「何を勉強したの？」と質問し、その答えのあと、「なぜ」「どうやって」を聞いていけば、内容がわかります。

途中で「それは楽しかったね」「へぇ、それで、それで？」などと、共感の言葉や先を促す言葉をつないでいけば、どんどん会話が続き、話したいことの全容が見えてきます。話をまとめてあげれば、そこから自分なりの感想や分析ができ、アクティブ・ラーニングの土台ができてきます。

親はともすると、先を急いでしまいますが、子どもは大人が思うスピードでは成長しません。ゆっくりでもいいから、自分の言いたいことがきちんと言えるようになる話しかけ方をしたいものです。

今日ねえ
すっごい
おもしろくって
さあ
何が
あったの？

思春期なら短い言葉を少しずつ長くしていく

思春期になると、男の子は親との会話が少なくなり、ほとんど「メシ、フロ、ネル、うるせぇ」くらいしか言わなくなります。小言でも言おうものなら、「うるせぇ」も言わずに黙って部屋にこもってしまいます。

「2対1」で話そうとしても、「無理」だと思ってしまうかもしれません。

しかし、小学生でも中高生でも、子どもの本性は「自分のことを説明したい」という、ある意味、承認欲求に近いものがあります。だからこそSNSが出始めたら、自由に自己表現ができる場として大いに広がった。

普段は口数が少なくても、SNSで語るときは非常に饒舌《じょうぜつ》です。自分の意見もどんどん言う。自分の意見を遮るものがなく、語れる場があれば語るのです。

もし、子どもが「今日は部活で疲れた」と短く言ったとしたら、

「そう、お疲れ」

とねぎらったあとに、

「何をやって疲れたの？」

などと質問をしてみましょう。

「うるせぇな」

などとつぶやいたとしても、そのあと、

「筋トレ」

などとぶっきらぼうに答えるのではないでしょうか。

ここで、腹を立ててはいけません。思春期の男子なら、答えただけマシだと思いましょう。根掘り葉掘りではなく、短い会話を続けていくことで、だんだん長くしゃべるようになります。

機嫌がよければ、自分がどれだけ今日がんばったかの自慢話や、部長がどれだけ理不尽な練習を課してくるかの愚痴など、言ってくるのではないでしょうか。

こんなとき、保護者はまた、

「自慢ばっかりして」

「部長が言うことも当然なんじゃないの？」

など、子どもの言うことを否定してしまいがちです。そうなると口を閉ざしてしまいます。

「そうか、がんばったんだね」

「そうか、練習、きつかったね」

など、オウム返しのように言い、共感する。いきさつがわからないことは質問する。こうしているうちに、

「オレも、もう一息がんばらないとな」

「要するに部長はこう言いたかったんだな」

などと、自分で解決策に結びつけることができるのです。

基本的には、小学生も中高生も、問いかけ方は同じです。

共感する、質問する、そしてまた共感する。どれも大人は短い言葉と笑顔を心がけます。

Point

「2対1」で子どものほうがしゃべるように仕向ける。話したくなるような相づちを打とう

アクティブ・ラーニングは、混迷の時代を抜け出すリーダーを作る教育

アクティブ・ラーニングは、自分の発信をきっかけにして、何かを作り出す教育。いわば、時代を切り開くベンチャー精神を身につけるための基礎ともいえます。いまや、アメリカのビッグカンパニーであるGAFA（グーグル、アップル、フェイスブック、アマゾン）なども最初は**「自分たちの新しい発想で新しい世界を切り開く企業を作ろう」と、ベンチャービジネスを立ち上げたところから始まっています。**まさに、自らの発信力を鍛えて成功した企業です。

これまでの日本のパッシブ・ラーニングは、だれかの教えを聞くことが主で、作り出すことには重きが置かれていませんでした。だから、リーダー的な発想もなかったのです。専門性を追求するより、だれとでも調和できるジェネラリストを育てることを重視したのです。

ここに、アメリカの企業との大きな差があります。

そもそも、日本という国は、神代《かみよ》の昔から存在していました。しかし、アメリカ合衆国は、7月4日に独立宣言をして「作った国」です。自分たちが何かをせずとも存在していた国に生きるのか、自分たちで作り上げた国に生きるのか。

その意識が、後の行動に影響があると思えてなりません。

また、日本では企業に入ると、その「会社の色に染まる」ことを求められます。そこにあるものに同化していくことこそが美徳とされるようなところがあります。

「存在するものに所属する」のが普通で、「新しいものは不安」と考える人も、日本人には多いと思われます。

予想だにしない時代を楽観的に生きていく力をつける

しかし、2020年春の新型コロナウイルスの感染拡大で、世界は予想すらしなかった状況に陥り、永遠に「ある」と思っていたものがガラガラと崩れ、染まろうと思っても染まるものがないという事態になりました。

存在しない状況から作り出す力が、求められています。これこそが、アクティブ・ラーニングで得る力です。今後の世界で生きていくためにも、アクティブ・ラーニングは不可欠な時代になっていくでしょう。

変化を恐怖や不安とととらえる人と、面白いとワクワクする人と、世の中にはいろいろな人がいますが、楽天的なアメリカ人は、おそらくワクワクしているのだと思います。日本は、コロナ対策は比較的うまくいっていると世界から評価されているのに、悲観的になっています。

この性質の違いも、今後の明暗をわけるような気がします。

混沌としたこれからの時代を、自分の能力と知恵とで乗り切っていくリーダーが必要です。

お子さんたちは、まさにポスト・コロナのリーダーたる人材。ぜひアクティブ・ラーニングの真髄を学び、自分にしかできない発信で世の中を明るくしていってほしいですね。

Point

「存在しない」状況から作り出せる力が必要。それをアクティブ・ラーニングで学んで生き抜く

ブックデザイン：宮澤来美
カバー・本文イラスト：クリタミノリ
編集協力：三輪　泉

〈著者略歴〉
柳沢幸雄（やなぎさわ・ゆきお）
1947年生まれ。東京大学名誉教授。北鎌倉女子学園学園長、前・開成中学校・高等学校校長。開成高等学校、東京大学工学部化学工学科卒業。71年システムエンジニアとして日本ユニバック（現・日本ユニシス）に入社。74年退社後、東京大学大学院工学系研究科化学工学専攻修士・博士課程修了。ハーバード大学公衆衛生大学院准教授、併任教授（在任中ベストティーチャーに数回選ばれる）、東京大学大学院新領域創成科学研究科教授を経て、2011年から開成中学校・高等学校校長を9年間務めた後、2020年4月より現職。シックハウス症候群、化学物質過敏症研究の世界的第一人者。
主な著書に『母親が知らないとヤバイ「男の子」の育て方』（ＰＨＰ文庫）、『東大とハーバード 世界を変える「20代」の育て方』（大和書房）、『なぜ、中高一貫校で子どもは伸びるのか』（祥伝社新書）、『18歳の君へ贈る言葉』（講談社＋α新書）、『男の子を伸ばす母親が10歳までにしていること』（朝日新聞出版）、『子どもに勉強は教えるな』（中央公論新社）、『男の子の「自己肯定感」を高める育て方』（実務教育出版）などがある。

ハーバード・東大・開成で教えてわかった
「頭のいい子」の親がしている60のこと

2020年9月10日　第1版第1刷発行

著者　柳　沢　幸　雄
発行者　清　水　卓　智
発行所　株式会社ＰＨＰエディターズ・グループ
〒135-0061　江東区豊洲5-6-52
☎03-6204-2931
http://www.peg.co.jp/
発売元　株式会社ＰＨＰ研究所
東京本部　〒135-8137　江東区豊洲5-6-52
普及部　☎03-3520-9630
京都本部　〒601-8411　京都市南区西九条北ノ内町11
PHP INTERFACE　https://www.php.co.jp/
印刷所
製本所　図書印刷株式会社

ISBN978-4-569-84744-3